PRESIDENTA

«No llego sola, llegamos todas. Con nuestras heroínas que nos dieron patria, con nuestras ancestras, con nuestras hijas y nietas».
CLAUDIA SHEINBAUM

PRESIDENTA

La victoria de una mujer en un país de hombres

 Planeta

© 2024, Jorge Zepeda Patterson

Adaptación de portada: © Genoveva Saavedra / aciditadiseño
Diseño de portada: Planeta Arte & Diseño / Erik Pérez Carcaño
Fotografía de portada: © Hazael Cárdenas García
Fotografía del autor: Cortesía del autor / © Susan Crowley
Cita de Claudia Sheinbaum de portada: discurso tras la victoria electoral, 2 de
junio de 2024, Zócalo de la CDMX
Cita de Andrés Manuel López Obrador en contraportada: mensaje enviado a Claudia
Sheinbaum tras su victoria electoral, 5 de junio de 2024; hecho público en
la Mañanera del 7 de junio de 2024
Iconografía: Selene Nájera Plascencia
Diseño de interiores: Moisés Arroyo Hernández

Derechos reservados

© 2024, Editorial Planeta Mexicana, S.A. de C.V.
Bajo el sello editorial PLANETA M.R.
Avenida Presidente Masarik núm. 111,
Piso 2, Polanco V Sección, Miguel Hidalgo
C.P. 11560, Ciudad de México
www.planetadelibros.us

Primera edición impresa en esta presentación: octubre de 2024
ISBN: 978-607-39-2229-6

Impreso en los talleres de BR Printers
665 Lenfest Road, San Jose, CA 95133, USA.
Impreso en U.S.A - *Printed in U.S.A*

ÍNDICE

PRESENTACIÓN

En 1824, México inauguró su vida independiente con el gobierno de Guadalupe Victoria. A pesar de lo femenino de su nombre, tuvieron que pasar 200 años y 65 presidentes varones para que una mujer llegara a la silla presidencial. Un hito histórico, pero también una responsabilidad inmensa debido a las expectativas. Los 65 mandatarios anteriores enfrentaron todo tipo de retos: más de una invasión extranjera, golpes de Estado, levantamientos, crisis abismales y puñaladas traperas. Pero ninguno tuvo que bregar con la tensión adicional de demostrar que una mujer puede gobernar un país en el que perviven tantos rasgos misóginos.

La historia ha depositado esa responsabilidad en Claudia Sheinbaum Pardo. ¿Podrá lograrlo? ¿Cuáles son sus fortalezas y debilidades para afrontar esta tarea? ¿Cómo salir airosa en la difícil misión de sustituir a una figura tan poderosa y dominante como la de Andrés Manuel López Obrador? ¿Claudia tiene lo que se necesita?

Todos tenemos opiniones al respecto, pero muy poca información para emitirlas. Hemos visto el nombre de Claudia reproducido miles de veces a lo largo de varios años previos a su llegada a la silla presidencial. Nos bombardearon con información tanto los que querían que votáramos por ella como los que querían que no lo hiciéramos. Datos, imágenes, viñetas diseñadas para favorecerla o perjudicarla. Como resultado, la mayoría de los ciudadanos terminó con una visión parcial y sesgada a partir de lo que fue esencialmente la difusión de un producto de mercadotecnia electoral o de la pasión política. En tal sentido, lo que conocemos de Claudia Sheinbaum resulta una imagen acartonada, una caricatura, positiva o negativa, de quien dirigirá el destino del país. Entre tantos adjetivos calificativos que la satanizan o la beatifican, la mayoría de los mexicanos carece de una noción clara de la sustancia de la que está hecha la presidenta.

El presente libro intenta, hasta donde es posible, recuperar al ser humano que ha recorrido la larga trayectoria que hoy culmina en Palacio Nacional. Relata sus días como niña, joven, estudiante, esposa y madre, científica, activista y funcionaria. Ninguna mirada es neutra ni objetiva al valorar a una figura pública, y esta no lo es. Sin embargo, intenta no apartarse de los datos y hechos puntuales y comprobables que, con el paso de los años, la configuran como persona.

El libro consta de 17 capítulos, de los cuales los 15 primeros constituyen un perfil biográfico. Se optó por ofrecer una lectura ágil y amena para un público amplio, sin disquisiciones políticas o ínfulas académicas: un relato lineal e inteligible que da cuenta de quién es ella. El material utilizado surge en primera instancia de la investigación realizada para la elaboración del perfil incluido en el libro *La sucesión 2024. Después de AMLO, ¿quién?*, publicado en mayo de 2023. Además, se enriqueció con la profusa bibliografía surgida en los meses siguientes, y con las diversas entrevistas y piezas de prensa y medios audiovisuales difundidas a lo largo de su campaña.

En el capítulo 16, «Los retos», se hace un balance de los desafíos que le esperan y de las herramientas con las que cuenta para enfrentarlos. Un material de análisis político para todo aquel que le interese seguir el pulso en el primer tramo de su gobierno: ¿el ejército será una prueba?, ¿de dónde saldrá el dinero?, ¿qué hará con el petróleo y la electricidad?, ¿cuánto habrá de cambio y cuánto de continuidad?, ¿polarización o conciliación?, entre otros temas similares.

Finalmente, el capítulo 17 hace un balance de su equipo, un quién es quién en su Gabinete. Los gobernantes mandatan, pero el Gobierno es tan bueno o malo como lo sean quienes ejercen y administran el poder. En este sentido, el texto ofrece una valoración tanto del conjunto como de cada uno de sus colaboradores.

Agradezco el apoyo en la investigación hemerográfica y periodística de Erwin Crowley y Pierre Herrera, verdaderos pilares de esta ingente tarea. Como es habitual, expreso mi reconocimiento, la mayoría de las veces justificado, a mis editores de siempre: Gabriel Sandoval, Carmina Rufrancos y Karina Macías, por su amistad y confianza. Finalmente, agradezco a Susan Crowley, lectora cero de este texto y, sobre todo, lectora cero de este autor.

México, 26 de agosto de 2024

1

DÍA CERO

Con la confianza que le daba haber sido la puntera de una elección histórica, el 2 de junio de 2024 Claudia Sheinbaum llegó a la casilla 3 960, ubicada en la alcaldía Tlalpan, para emitir su voto, acompañada por su esposo, Jesús María Tarriba. Estuvo formada durante casi una hora —como gran parte de los electores en toda la República— para identificarse y llenar las seis papeletas recibidas. Todas las boletas las marcó por su partido, salvó una: la de presidenta de la República.

Un acto protocolario que cerraba la larga campaña iniciada casi dos años antes y, a la vez, constituía el primer paso del momento histórico que dejaría el saldo de la jornada: la elección de la primera mujer presidenta del país, en los más de 200 años de vida nacional. Entró en solitario a hacer su votación, pero sabiendo que millones de mexicanos estaban haciendo lo mismo y que las consecuencias cambiarían su vida para siempre, y en cierta manera, la de todos.

Un hito histórico que parecía estarse fraguando ese 2 de junio de 2024, pero que en realidad había comenzado largo tiempo atrás. Y justo por eso, Claudia cruzó la boleta de la última planilla, la presidencial, con el nombre de la ex diputada federal Ifigenia Martínez: el recuerdo de una figura emblemática, pero también un reconocimiento simbólico a las muchas pioneras que hicieron posible la elección de una mujer para dirigir el destino del país.

Ifigenia Martínez y Hernández nació el 16 de junio de 1925.[1] Estudió la licenciatura en Economía en la Universidad Nacional

Autónoma de México (UNAM) y continuó su formación con una maestría en Economía en la Universidad de Harvard. En la arena política, Martínez fue una figura con un protagonismo significativo dentro de una clase política caracterizada por su misoginia. Miembro del ala progresista del Partido Revolucionario Institucional (PRI), más tarde fundó, junto con Cuauhtémoc Cárdenas y Porfirio Muñoz Ledo, el Partido de la Revolución Democrática (PRD). Pasó por la Cámara de Diputados y la Asamblea Constituyente de la Ciudad de México, donde fue vicepresidenta; se desempeñó como senadora (del PRI y luego del PRD) y fue embajadora de México ante la Organización de las Naciones Unidas.

El voto de Claudia, de alguna manera, recuperaba todos estos reconocimientos, y traía de vuelta el nombre de Ifigenia para que también estuviera grabado en aquel día histórico. Pero en el sufragio de Claudia a favor de esta mujer había otro guiño. La trayectoria de Martínez y Hernández no solo era el recordatorio del meritorio antecedente de una mujer que logró ser respetada por una comunidad de «hombres fuertes», sino también de la manera en que lo hizo. Ifigenia Martínez prefiguró el difícil equilibrio entre la capacidad técnica y la sensibilidad social: una economista de altos vuelos comprometida con la justicia social y la defensa de políticas encaminadas a reducir la desigualdad. Es un verdadero referente para Claudia Sheinbaum, una científica determinada a mejorar la condición de los que tienen menos, y hacerlo a partir de la razón. A lo largo de su carrera, Ifigenia fue objeto de numerosos honores por su labor en el ámbito académico y político, como la Medalla Sor Juana Inés de la Cruz, otorgada por la Cámara de Diputados a mujeres eminentes; y la Medalla Belisario Domínguez de 2021, entregada en la Cámara de Senadores.[2] Pero es probable que el reconocimiento que encuentre más entrañable esta mujer nonagenaria resida en saber que, mientras la mayoría de los mexicanos cruzaba el nombre de Claudia Sheinbaum en ese espacio, esta lo hacía de puño y letra con el de Ifigenia Martínez.

Los fotógrafos que asistieron registraron toda la secuencia. Claudia se acerca a las urnas con sus boletas y coloca ceremoniosamente cada una de ellas en la urna correspondiente. Llega a la última, levanta alto la papeleta doblada con su mano izquierda y sonríe. Es un segundo. Mantiene su sonrisa y mete la boleta en la urna. Sin palabras, el gesto de Sheinbaum parecía decir: «Hubo y hay mujeres capaces y preparadas que también podrían, que pudieron haberlo hecho años antes, llegar a la Presidencia… pero hoy me toca mí, será mi responsabilidad».

Las elecciones de 2024 fueron un punto de inflexión para la representación política de las mujeres. Por primera vez en la historia del país, las dos candidatas punteras para la Presidencia de la República fueron mujeres: Claudia Sheinbaum y Xóchitl Gálvez. El presidente número 66 de México es presidenta, y se unirá a las 28 mujeres que actualmente son jefas de Estado o de Gobierno en todo el mundo.

Las mujeres han atravesado un largo camino en la conquista de sus derechos políticos. El primer momento clave fue el reconocimiento de su derecho al voto en 1953. El 3 de julio de 1955 fue la primera vez que acudieron a las urnas a emitir su voto con el propósito de elegir diputados federales. Tuvieron que pasar 24 años para que Griselda Álvarez se convirtiera en la primera mujer en gobernar un estado, tres años más para que México tuviera a su primera candidata presidencial, y casi 70 para que una mujer fuera la elegida para guiar al país.

«Llegamos todas»

Horas después de la votación, cumplidos los vaticinios, Claudia Sheinbaum diría, en plena celebración y con sus seguidores y miembros de Morena en el Zócalo capitalino:

Vamos a gobernar para todas y para todos, pero aquí, por ser la primera vez que una mujer es reconocida por el pueblo para el más alto honor, la Presidencia de la República, si me permiten, quiero nombrar a algunas mujeres de nuestra historia que, además, cuando fui jefa de Gobierno, pusimos en el Paseo de las Heroínas en Paseo de la Reforma. Están presentes con nosotros: sor Juana Inés de la Cruz, Gertrudis Bocanegra, Josefa Ortiz de Domínguez, Leona Vicario, Margarita Maza, Agustina Martínez Heredia, Dolores Jiménez y Muro...[3]

Feministas y 4T

El tema de los movimientos de mujeres fue de claroscuros para Claudia en los últimos años. Si bien en su actitud y lenguaje muestra una sensibilidad que contrasta con las formas que suele utilizar López Obrador, las primeras manifestaciones del sexenio dejaron mal parado al Gobierno de la Cuarta Transformación; la propia jefa de la Ciudad de México pareció quedar atrapada en este equívoco. La primera marcha del Día de la Mujer, el 8 de marzo de 2019, que terminó en duros reclamos a las autoridades y actos de vandalismo por parte de algunos grupos radicales, llevó al presidente a un primer posicionamiento dominado por la confrontación.

Da la impresión de que esto dejó a Claudia entre la espada y la pared. Los intentos de conciliación desde una perspectiva sensible a un tema de género quedaban oscurecidos por el deseo evidente de no desautorizar las palabras del presidente, quien, además de una provocación, veía en las protestas una intervención de sus adversarios políticos. El siguiente año, en 2020, marcharon varias decenas de miles, y el lunes siguiente convocaron «un día sin nosotras». Para entonces, la profecía se había hecho realidad y la derecha intentaba convertir el día de las mujeres en un reclamo al Gobierno.

López Obrador fue un cómplice involuntario al abordar desde las «mañaneras» ese mismo enfoque y asumir que la beligerancia de las manifestantes constituía un ataque a él y a su proyecto. Muchas mujeres sin bandera política —la mayoría— asumieron que el presidente no comprendía su causa. Sheinbaum la entendía, sin duda, pero en este conflicto parecía rebasada. Unas semanas más tarde comenzó la pandemia del COVID y las campañas de distanciamiento social terminaron por enfriar el ambiente.

Dos años más tarde, el 8 de marzo de 2022, volvieron a marchar decenas de miles, pero ahora el Gobierno de la Ciudad de México estaba preparado. Las fuerzas del orden desplegadas eran en particular mujeres, algunas incluso marcharon con las manifestantes e intercambiaron flores. El presidente no abandonó del todo su perspectiva, pero el paréntesis de la pandemia la había matizado notoriamente. Lo suficiente para que Sheinbaum pudiera encarar el tema con menos presiones.

Al final del sexenio las circunstancias eran otras. «No llego sola, llegamos todas», con esta frase, Claudia Sheinbaum celebró su triunfo no solo como la continuación de una opción progresista, inaugurada seis años antes por López Obrador, sino también como una victoria para el movimiento feminista.

En el discurso que dio en el Zócalo tras conocer su victoria en la elección presidencial, Sheinbaum subrayó:

Es tiempo de mujeres y de Transformación, y también, aquí lo quiero decir, eso significa vivir sin miedo y libres de esta violencia. Y desde esta tribuna le digo a las jóvenes, a todas las mujeres de México: compañeras, amigas, hermanas, hijas, madres, abuelas, no están solas.[4]

2

HIJA DEL 68

Había que desacralizar el Zócalo y lo logramos tres veces... Por primera vez después de cuarenta años una multitud de ciudadanos conscientes de sus derechos, una multitud indignada se hacía oír frente al balcón presidencial, en la Plaza de la Constitución.

ELENA PONIATOWSKA, *La noche de Tlatelolco*

«Soy hija del 68», suele decir Sheinbaum.

En México, no hace falta decir mucho para entender las implicaciones políticas de esta definición.[1] El año 1968 evoca la primera gran huelga universitaria en México, un movimiento estudiantil que culminó trágicamente con la masacre de Tlatelolco, ocurrida en la Plaza de las Tres Culturas, en la capital de México. Ese 2 de octubre dejó un saldo devastador de cientos de estudiantes indefensos heridos, detenidos y ejecutados por las fuerzas del Estado. La masacre fue un punto de inflexión en la historia de México debido a la brutalidad con la que se reprimió a los manifestantes; también marcó el inicio de la erosión del poder del PRI, que hasta entonces había mantenido un control casi absoluto sobre el país

La huelga universitaria de 1968 comenzó como una serie de demandas por mejores condiciones educativas y mayores libertades democráticas. Los estudiantes se organizaron en un contexto global de movimientos sociales y luchas por los derechos civiles, inspirado por movimientos similares en París, Praga y otras partes del mundo. Sin embargo, el Gobierno mexicano, encabezado entonces por el presidente Gustavo Díaz Ordaz, respondió con una represión violenta. Este episodio, conocido como la «Masacre de Tlatelolco», se convirtió en un símbolo de la lucha por la justicia y los derechos humanos en México. La memoria de Tlatelolco sigue viva en la conciencia colectiva del país y continúa siendo un recordatorio de la importancia de la resistencia y la búsqueda de la verdad y la justicia. Definirse como «hija del 68» es para Claudia una declaración de identidad fundacional y, al mismo tiempo, una agenda de trabajo.

«En México no hubo prácticamente reivindicaciones escolares; solo peticiones políticas; liberación de presos políticos, disolución del cuerpo de granaderos, destitución del alcalde de la ciudad, del jefe de la seguridad».[2] La dolorosa represión, que marcó para siempre la memoria social mexicana, fue el germen de una nueva clase política que cabalgó un largo y trabajoso proceso de democratización.[3]

Sus padres: protagonistas del 68

«Mis padres participaron en el movimiento estudiantil, yo tenía seis años cuando fue la masacre en Tlatelolco del 2 de octubre», evoca Claudia Sheinbaum en *Claudia: el documental,* dirigido por su hijo Rodrigo Ímaz.[4] «Y en ese movimiento mi madre participó como maestra del Politécnico. Y entonces esa dualidad entre hacer política para transformar el mundo y particularmente nuestra realidad, nuestro país, nuestra ciudad, y al mismo tiempo ese sentido académico, científico, fue donde yo crecí».

Tanto Carlos Sheinbaum Yoselevitz como Annie Pardo Cemo, padres de Claudia, estuvieron involucrados en el activismo de izquierda mexicano desde la década de los sesenta, que culmina con los acontecimientos de 1968. El matrimonio decidió dejar la zona tradicionalmente judía en el poniente de la capital de México, lo que también resultó en un desdibujamiento de la relación formal entre los Sheinbaum y la comunidad judía institucionalizada de México. La familia se instaló en el sur de la metrópoli, para nunca abandonarlo, cerca de Ciudad Universitaria, donde Annie trabajaba.[5]

Los orígenes

Claudia Sheinbaum Pardo nació en la capital de México un 24 de junio en 1962, en la frontera entre el signo de Géminis y Cáncer, con un Venus y un Sol particularmente bien aspectados, afirman los que saben de esto. Por el lado paterno es descendiente de abuelos judíos askenazíes, que procedían de Lituania y llegaron a principios del siglo xx huyendo de la discriminación y la pobreza. Sus abuelos maternos, judíos sefardíes, vinieron de Sofía, Bulgaria, huyendo de la Segunda Guerra Mundial. Sus padres eran de formación científica y construyeron un hogar progresista y laico en el que la ciencia dejó poco espacio al culto religioso.

Claudia es hija del ingeniero químico Carlos Sheinbaum Yoselevitz y la bióloga Annie Pardo Cemo, y la segunda de tres hijos (Julio es el mayor, dedicado a las ciencias del mar y hoy reside en Ensenada; Adriana es la menor). Su padre nació en Jalisco, su madre en la capital de México y ambos se formaron en la UNAM. Carlos estudió primero en la Universidad de Guadalajara y después en la UNAM; se convirtió en microempresario, y doña Annie, en profesora universitaria. Annie, en particular, formó parte de la comunidad universitaria y, a lo largo de su vida, sería simpatizante del movimiento estudiantil, como profesora del Instituto Politécnico Nacional, y de diversas causas.

Claudia creció en un hogar de clase media al sur de la capital, en un ambiente con acceso a la cultura y abierto a la influencia política de izquierda. Eran años convulsos en México.

Los movimientos obreros de principios de 1970 encontraron eco en las universidades públicas, especialmente en la UNAM y el IPN, donde Annie Pardo era profesora. Los padres de Sheinbaum apoyaron las manifestaciones estudiantiles de 1968 y acogieron a varios de los líderes en veladas en su casa, además de los amigos rutinarios de la familia, otros científicos e intelectuales de renombre. Claudia, la niña y la adolescente, incorporó las discusiones de política a su formación, a la que añadió las clases de *ballet*, guitarra y remo.

La amistad con Raúl Álvarez Garín[6] acercó a los Sheinbaum Pardo a la familia de Valentín Campa, el líder sindical ferrocarrilero que durante siete décadas de su vida impulsó la transformación del sistema político, económico y social en favor de los segmentos populares. Fue encarcelado en la prisión de Lecumberri en 12 ocasiones, que en conjunto suman 13 años, 11 meses y 13 días.[7]

«Mi madre fue muy amiga de [María Fernanda] la Chata y de Valentina», dice Claudia Sheinbaum, en referencia a las hijas del legendario dirigente del Partido Comunista Mexicano y candidato presidencial —sin registro— en 1976, cuando José López Portillo arrasó en una elección sin contrincante oficial, pues el Partido Acción Nacional, entonces «oposición leal» a la hegemonía priista, decidió no presentar aspirante.[8]

Desde la infancia, Claudia estuvo inmersa en el mundo de la izquierda. Creció entre mujeres fuertes y preparadas, como su propia madre y la *Chata* Campa, quien murió en 2019 y fue despedida con un memorable obituario por parte de Blanche Petrich: «Una ciudadana de a pie, experta en los laberintos del Metro y los peseros. Prominente geóloga de talla internacional, defensora de los derechos humanos, abuela, madrugadora».

«Cuando Álvarez Garín salió de la cárcel —dice Sheinbaum en conversación con Arturo Cano—, íbamos mucho a su casa; convivíamos mucho». Y agrega: «Crecimos cerca de Ireri, que era hija de Valentina y Luis de la Peña».[9] A él lo consideraba su primer mentor político fuera de su familia nuclear.

Álvarez Garín, fallecido en 2014, era uno de los dirigentes estudiantiles más entrañables. Fue promotor del grupo político Punto Crítico, que formaba parte del Comité Estudiantil de Solidaridad Obrero Campesina (CESOC), donde participaba Sheinbaum. Con los años, Claudia aprendió a sintetizar la moderación de Álvarez Garín con el pragmatismo de Campa para la movilización política.[10]

El fantasma del 68

El movimiento de 1968 sigue fresco en la memoria colectiva de la izquierda mexicana. Para Claudia, es más que eso; también es biografía. Hurgando en las estampas de su niñez, recuerda detalles de esa época. Le llamaba mucho la atención que algunos de los libros de la biblioteca familiar estuvieran ocultos a la vista. «Decía, ah, mira qué chistoso, hay libros en el clóset», comenta, recordando cómo sus padres guardaban allí, entre otros, una edición de *El capital*, de Karl Marx. «No nos fueran a denunciar, yo creo».[11]

Sin ser propiamente clandestinas ni tampoco el producto de una militancia orgánica o profesional, estas experiencias daban cuenta de un hogar sensible a las injusticias y la disposición a incorporar el compromiso social a la vida cotidiana. Pero también marca una conciencia clara de los riesgos que eso implicaba, en una época donde la intolerancia a la disidencia carecía de límites o definiciones precisas. Con un árbol genealógico cruzado por los desarraigos provocados por otras intolerancias, las sufridas en el Viejo Continente, y la cercanía con figuras de la izquierda que pagaban con cárcel el autoritarismo, la infancia de Claudia quedó marcada con una sólida impronta de la necesidad del compromiso social pese a los riesgos e infortunios que ello desencadenara. Elementos que moldearían su futuro compromiso con el activismo y la política.

La bióloga Rosaura Ruiz, profesora en la UNAM, amiga originalmente de Annie Pardo y ahora también de la propia Sheinbaum (además de su colaboradora en el Gobierno de la Ciudad de México), recuerda que madre e hija solían visitar a sus amigos presos en Lecumberri, la prisión política a la que el régimen del PRI envió a los líderes estudiantiles, como Raúl Álvarez Garín y Salvador Martínez della Rocca, el Pino.[12] «Eran los héroes de su madre; también lo eran de ella», apunta Ruiz.

Álvarez Garín, estudiante de Ciencias en la UNAM, participó desde la adolescencia en todo tipo de luchas sociales, campesinas, obreras y estudiantiles. En 1968 era uno de los líderes universitarios en la manifestación pacífica de aquel 2 de octubre, justo diez días antes del inicio de los Juegos Olímpicos en México. Se trataba, dijo él mismo años después, de «una demanda de democratización en muchos sentidos, pero en particular de romper todas las prácticas del autoritarismo mexicano».[13]

En cuanto al Pino, Salvador Martínez della Roca, estudiante del último semestre de la carrera de Física en la Universidad Nacional, cayó preso el 28 de agosto de 1968 y salió de Lecumberri dos años, seis meses y nueve días después. Tras su libertad, el Pino decidió estudiar la carrera de Antropología, más tarde una maestría en Teoría del Estado y, finalmente, un doctorado en Sociología en la UNAM. Entre 1978 y 1980 trabajó en la Universidad de Guerrero y fue candidato sin posibilidades a la rectoría de esa casa de estudios. Fue miembro del grupo fundador de la revista *Punto Crítico*, de la que se separó en agosto de 1982 para fundar junto con otros de sus compañeros la agrupación Convergencia Comunista Siete de Enero. Casado durante algunos años con la bióloga Rosaura Ruiz, tuvo una hija y fue jefe del Departamento de Difusión del Instituto de Investigaciones Económicas de la UNAM y coordinador del programa radiofónico *Economía y Nación*. En colaboración con Carlos Ímaz, Imanol Ordorika y Antonio Santos, el Pino preparó un libro sobre el conflicto del Consejo Estudiantil Universitario (CEU).[14] Actualmente tiene 78 años y vive en Ciudad de México.

Si bien las imágenes del movimiento del 68, como tales, son borrosas en la memoria de Claudia Sheinbaum, pues apenas tenía seis años en ese entonces, atesora vívidos recuerdos de su infancia que están profundamente ligados a esos tumultuosos tiempos. Entre los más significativos están las visitas a la cárcel de Lecumberri, un lugar sombrío y temido, donde sus padres acudían regularmente para visitar a Raúl Álvarez Garín.

En las catacumbas de Lecumberri, Sheinbaum también conoció a Elena Poniatowska, quien escribía su memorable libro sobre la represión del 68. «En las reuniones en su casa hablábamos de política y de mejorar las condiciones de la gente, porque siempre fuimos gente de izquierda. Ahí estaba Claudia, ese fue su ambiente familiar, un espacio donde no había discriminación», añade Ruiz.[15]

Estas visitas, además de actos de apoyo y solidaridad, eran lecciones vivenciales para la niña. A través de estos encuentros, comenzó a entender la gravedad de la situación política y social de su país. La imagen de sus padres llevando alimentos y consuelo a los detenidos políticos, especialmente a una figura tan destacada como Álvarez Garín, dejó una impresión que nunca la abandonaría.

Del 68 Claudia recuerda haber pasado tiempo con sus abuelos paternos con los que iba al balneario de Oaxtepec, y que, tras la matanza de Tlatelolco, su madre fue despedida del Instituto Politécnico Nacional (IPN), por lo que tuvo que buscar trabajo en la UNAM.[16]

Annie Pardo Cemo

Uno de los condiscípulos de la época estudiantil recuerda que Claudia era muy disciplinada, pero no ajena a la convivencia con sus compañeros. «La escuela es la escuela», le repetía su madre, quien también abría las puertas de su casa a los amigos de sus hijos. «No la recuerdo echando desmadre, ni de trago ni de fiesta. Pero toda la banda iba a comer a la casa de Annie». La madre que recibía generosamente a los amigos de sus hijos era Annie Pardo Cemo, profesora emérita de la UNAM en el Departamento de Biología Celular, donde suma 51 años de experiencia académica.[17]

En octubre de 2002 Claudia publicó un mensaje en sus redes sociales sobre el reconocimiento otorgado a su madre por ser una de las investigadoras más citadas a nivel mundial.[18] Algunos diarios publicaron que Pardo Cemo había sido incluida, con otros tres académicos de la UNAM, en la lista de los «investigadores más citados», según la cuarta versión del «2% List of World's Scientists 2022», de la Universidad de Stanford. En dicha lista aparecieron también Antonio Lazcano Araujo Reyes, especialista en Biología Evolutiva; Juan J. Morrone Lupi, especialista en Sistemática Filogenética; y Adolfo Andrade Cetto, especialista en Etnofarmacología. Las notas explicaban: «Dicho ranking […] incluye a más de 180 mil investigadores de los más de 8 millones de científicos considerados activos en todo el mundo».[19] La lista de premios y reconocimientos que ha recibido Annie Pardo a lo largo de su carrera académica es enorme, aunque destacan sus aportes al tratamiento de enfermedades crónico-degenerativas, en particular de la fibrosis pulmonar idiopática.

A mediados de mayo de 2023, se anunció que Annie Pardo Cemo recibiría el Premio Nacional de Ciencias 2022, junto al físico Roberto Escudero Derat, en la categoría de ciencias físico-matemáticas y naturales. En el *Diario Oficial de la Federación,* se publicó que las personas galardonadas en esa edición fueron elegidas porque «han realizado contribuciones notables en los diversos campos en los que se otorga este reconocimiento, lo que impulsa el progreso y la innovación en los ámbitos del saber».[20] Esto ocurrió después de hacerse pública la distinción de la Sociedad Americana del Tórax (ATS, por sus siglas en inglés) que reconocía «la excelencia en la investigación de biología molecular respiratoria de Annie Pardo por ser vanguardista en la comprensión y tratamiento de enfermedades pulmonares».[21]

Tras el anuncio, Claudia Sheinbaum divulgó un breve video en el que, además de expresar orgullo por su progenitora, hizo un repaso sobre los aportes y distinciones recibidas por Annie Pardo en su carrera científica de más de cinco décadas. Sheinbaum nombró las instituciones en las que su madre realizó estancias de investigación y recordó que sus aportaciones científicas:

> Se reflejan en más de 180 publicaciones que han sido citadas más de 25 mil veces, y en 2015 [recibió] el Recognition Award for Scientific Accomplishments; y este premio se otorga a los investigadores que han realizado las contribuciones científicas mundiales más sobresalientes en el área de pulmón. Y les voy a contar que es la primera mujer no estadounidense que recibió este reconocimiento. Es una mujer que ha abierto brecha a muchísimas científicas, a muchísimas mujeres.[22]

En el video también recordó que la expulsaron del Politécnico Nacional donde era docente por su participación en el movimiento de 1968: «Tuvo que empezar de nuevo de cero, pero nunca se rindió. Ella salió de abajo con su esfuerzo. Muchas gracias, mamá, por lo que has dado a tu familia y a tu patria».[23]

Por su parte, el ingeniero químico, padre de Claudia, se convirtió en pequeño empresario al pasar de los años. A finales de abril de 2023, en una reunión con miembros de la iniciativa privada de León, Guanajuato, Claudia recordó que su padre «trabajó casi toda su vida en una pequeña empresa que hacía aceites para curtir pieles» y que, por tanto, «León era como su segunda casa».

En un mensaje en Instagram recordó a su padre, fallecido en 2013: «De mi papá, ingeniero químico, heredé su pasión por la política, los domingos de Chapultepec y la música de Juan Gabriel. Estaría hoy feliz pues era un aficionado al Atlas. Sigue presente al leer el periódico en la mañana. Feliz día a todos los padres».

Sus raíces judías

Claudia Sheinbaum Pardo se convirtió en 2024 en la primera mujer electa por voto popular en gobernar la nación, pero también en la primera persona judía en ostentar el máximo cargo en la historia del país. También fue la primera originaria de esa comunidad en ocupar el cargo de jefa de Gobierno de la Ciudad de México, apunta la publicación de la comunidad judía *Enlace Judío*.[24]

Según el periodista mexicano Alan Grabinsky y de acuerdo con el sitio JTA, «la familia nuclear» de la presidenta electa «ha preferido identificarse más con una tradición de activismo político mexicano que con sus raíces judías. Aunque la tradición sefardí y la askenazí fluyen por sus venas».[25]

Como ya se ha mencionado, su padre Carlos Sheinbaum Yoselevitz procede de una familia de origen askenazí que se estableció en México en la década de 1920, proveniente de Lituania, cuando la migración judía hacia nuestro país comenzó a incrementarse considerablemente. El abuelo de Claudia Sheinbaum fue un comerciante de joyas que en México se vio involucrado en las actividades del Partido Comunista Mexicano. En la casa donde creció su padre, la vida cotidiana se desarrollaba en *ídish*, con platillos askenazíes y la observancia de las fiestas mayores judías.

Son datos descritos por la propia Claudia en una reunión en la que habló sobre sus raíces con mujeres de la comunidad a inicios del mes de junio de 2018, recogidas en la mencionada publicación *Enlace Judío*.[26]

Por su parte, su madre, Annie Pardo Cemo, tomó clases en una escuela judía y tras cursar la carrera de Biología en la UNAM, se convirtió en la primera sefardí en entrar a la Academia Mexicana, señala la misma publicación.

El conflicto palestino-israelí

El 12 de enero de 2009, los diarios del mundo informaban sobre las protestas contra la operación Plomo Fundido que el ejército de Israel inició el 27 diciembre de 2008 y concluyó el 18 de enero de 2009, con la muerte de 1 400 palestinos, muchos de ellos civiles. *La Jornada* publicó una foto de la protesta realizada en Madrid con el siguiente encabezado: «Protestan miles contra la matanza en Palestina». En el pie de foto se informaba que manifestaciones similares tuvieron lugar en Austria, Grecia, Italia, Indonesia, Hong Kong y Pakistán.

En la sección «Correo ilustrado» de aquel número, apareció un texto de Claudia Sheinbaum, quien entonces formaba parte del Gabinete «legítimo» de Andrés Manuel López Obrador en el Distrito Federal. Vale la pena detenerse en algunas líneas porque, poco dada a las declaraciones formales, constituye un inusual posicionamiento sobre sus orígenes y el conflicto palestino-israelí:

Provengo de familia judía y estoy orgullosa de mis abuelos y de mis padres. Mi abuela paterna, exiliada de Lituania por razones económicas y raciales, llegó a México con parte de su familia en la segunda década del siglo xx. Mi abuelo paterno llegó a México por la misma época, también exiliado de Lituania, por razones políticas y raciales: era judío y comunista.

Mis abuelos maternos llegaron a México huyendo de la persecución nazi. Se salvaron de milagro. Muchos de mis familiares de esa generación fueron exterminados en los campos de concentración. Ambas familias decidieron hacer de México su patria. Fui educada como mexicana. Amando su historia y su pueblo. Soy mexicana y por eso lucho por mi patria. No puedo ni quiero negar mi historia; hacerlo sería, como dice León Gieco, negar el alma de la vida. Pero también soy ciudadana del mundo, por mi historia y porque así pienso que debe ser.

Me refiero, por supuesto, a hombres y mujeres libertarios, humanistas, no racistas, que luchan por la paz… «Imagina», como compuso John Lennon. Por ello, por mi origen judío, por mi amor a México y por sentirme ciudadana del mundo, comparto con millones el deseo de justicia, igualdad, fraternidad y paz, y, por tanto, solo puedo ver con horror las imágenes de los bombardeos del Estado israelí en Gaza… Ninguna razón justifica el asesinato de civiles palestinos… Nada, nada, nada, puede justificar el asesinato de un niño. Por ello me uno al grito de millones en el mundo que piden el alto al fuego y el retiro inmediato de las tropas israelíes del territorio palestino. Como dijo Alberto Szpunberg, poeta argentino, en una carta reciente: «De eso se trata: de salvar un mundo, este único y angustiado mundo que habitamos todos, que a todos pertenece y que hoy se llama Gaza».

CLAUDIA SHEINBAUM PARDO[27]

La referencia a esa publicación lleva a Claudia a hablar de sus ancestros. Aporta otros datos sobre su abuelo paterno, quien procedente de Lituania pasó algún tiempo en Cuba, de donde fue expulsado, y de un tío, hermano de su abuelo, que participó en el movimiento ferrocarrilero de los cincuenta.

En diversas declaraciones Sheinbaum ha hablado del «orgullo» de sus orígenes. Explica: «¿Cómo no vas a estar orgullosa? De mis abuelos, pues claro que sí, eran gente trabajadora, luchona. Con mis abuelos íbamos, sí, a las fiestas, al Yom Kippur, pero era más bien la comida de esas fechas, algo más cultural que religioso. Mis abuelos maternos eran judíos sefarditas, entonces la comida ahí era muy parecida a la comida árabe, en muchos sentidos». Claudia Sheinbaum asegura que, en lo personal, nunca padeció expresiones de racismo. «Mi madre y mi padre nos criaron amando a México y su historia, a la tierra donde ellos y nosotros, sus hijos, nacimos».[28]

Tres años después de la publicación del texto en el «Correo Ilustrado», frente a un nuevo episodio en el conflicto israelí-palestino, Sheinbaum refrendó en Twitter, hoy X, sus palabras de entonces. «Sigo pensando lo mismo»,[29] escribió, y colocó el enlace a *La Jornada* donde se puede leer el texto.

3

EDUCARSE EN LA TRADICIÓN

Claudia vivió una adolescencia de clase media ilustrada. Aprendió *ballet*, a tocar la guitarra, charango, arpa, maraca y bombo argentino, afición que aún mantiene. Participó en un grupo folclórico musical llamado Pilcuicatl (Los niños que cantan), en el que tocaba varios instrumentos y cantaba, entre otros, con el hoy actor Daniel Giménez Cacho.

En internet circula un video de una presentación de una Claudia adolescente en el grupo musical, tocando varios instrumentos.[1] La descripción del video dice:

> Un talentoso grupo de niños, su director musical y un sonidista, todos ellos mexicanos, envueltos en la grabación de un disco de música latinoamericana. El escenario es un viejo teatro de la Ciudad de México [...]. Programa grabado en 1972 en el auditorio de una escuela privada en la col. del Valle de la Ciudad de México y fue editado y presentado en 1977.

Al comienzo del video, un niño abre con la pieza «La Tatita». Enseguida se ve, en segundo plano, a otro niño inclinado sobre su instrumento de cuerdas y, en primer plano, a una niña de perfil: dos coletas, raya en medio, camisa rosa, también con su instrumento de cuerdas, pero ella parece abrazarlo y recostarse sobre este. Comienza el niño a tocar, la niña suspira y levanta el rostro justo cuando inicia su participación, es Claudia; a los pocos segundos, se puede ver a quien llegará a ser presidenta electa de México rasgar con intensidad y una concentración absoluta las cuerdas de su instrumento.

Entre los integrantes del grupo «Pilcuicatl» pueden advertirse, además de Claudia y su hermano Julio, a Eduardo Gamboa, Yuriria Contreras, Daniel Giménez Cacho, Andrés Melo e Ildana Contreras.

De aquellos años Claudia recuerda los viajes familiares: «Recorrimos el país desde muy chicos. Conocimos muchísimos pueblos de Oaxaca, Guerrero y Chiapas porque mi mamá iba buscando textiles mexicanos. Mis papás siempre fueron así, de la idea de que nosotros somos mexicanos y queremos la tierra donde nacimos».[2]

El amor por México y su rica cultura se manifestaba en cada viaje familiar, desde visitar pequeños pueblos artesanos hasta explorar las majestuosas ruinas prehispánicas. «Visitamos prácticamente todos los sitios arqueológicos de México y tomamos cursos de verano en el Museo de Antropología e Historia», continúa Claudia. Estos cursos no solo les brindaban conocimientos académicos, sino también una exposición a la diversidad cultural y la historia del país. La familia Sheinbaum creía en las virtudes de una educación vivencial.

La dedicación de su madre a coleccionar huipiles y otros textiles indígenas les permitió conocer de cerca las tradiciones y técnicas de las comunidades locales. Este interés por el patrimonio cultural mexicano inculcó en Claudia el respeto y la admiración por las diversas culturas y sus expresiones, y una aproximación a los matices y peculiaridades de distintas etnias y regiones, no siempre discernibles para muchos mexicanos de origen urbano. Esta conexión profunda con sus raíces y la vivencia directa de la riqueza cultural de México fueron elementos fundamentales en su formación y una poderosa influencia en su manera de estar frente a la realidad del país.

A los 17 años Claudia cruzó el Periférico para cursar el bachillerato en el Colegio de Ciencias y Humanidades (CCH), plantel

Sur, dependiente de la UNAM. Hasta entonces, Sheinbaum había sido descrita como una alumna aplicada, traviesa y muy activa, y aunque nunca abandonaría una actitud responsable frente a lo que asumió como deberes, la UNAM comenzó a transformarla.

Tres años más tarde se inscribió en la Facultad de Ciencias de la UNAM. Sería la época más bohemia de Sheinbaum. Su incorporación al campus universitario, al inicio de los años ochenta, constituyó una exploración en muchos sentidos. Largas tertulias sedimentadas por el humo, la música, la puesta al día sobre libros y películas que no formaban parte del menú familiar, los debates políticos o las relaciones amorosas.

Las actividades extracurriculares de la facultad la llevaron a hacer trabajo en comunidades purépechas en Michoacán. A lo largo de varios años, dentro del equipo del maestro Marco Martínez Negrete regresaría una y otra vez a la zona de Cheranástico para colaborar en el diseño y fabricación de estufas de leña. Una experiencia de inmersión en el México indígena y rural que, como ella afirma, la marcaría profundamente.

Mientras tanto en Los Pinos...

Si bien para Claudia Sheinbaum los procesos sociales arrancados en 1968 fueron determinantes en su crecimiento personal, para hablar del México en el que se formó como ciudadana con un criterio propio, es necesario remitir al periodo presidencial de Carlos Salinas de Gortari.

Este sexenio priista (1988-1994) fue una etapa crucial en la historia de México, marcada por la introducción de reformas económicas y políticas significativas. Salinas implementó una política que tenía como fin la modernización económica a costa de privatizar empresas estatales, la desregulación de mercados y la apertura comercial con otros países, en especial EUA. El proceso terminaría con la firma del Tratado de Libre Comercio de América del Norte (TLCAN) en 1992. Estas reformas buscaban integrar a México en la economía global y atraer la inversión extranjera.

Sin embargo, el sexenio de Salinas también estuvo marcado por una serie de eventos controvertidos y críticos que influyeron en la percepción pública de su gobierno. El levantamiento del Ejército Zapatista de Liberación Nacional (EZLN) en 1994 expuso la persistente desigualdad y marginación en el país, particularmente en las comunidades indígenas. Además, el asesinato del candidato presidencial Luis Donaldo Colosio en 1994 y del secretario general del PRI, José Francisco Ruiz Massieu, generaron una crisis política y de seguridad.

En el ámbito económico, el final del sexenio de Salinas estuvo marcado por la crisis financiera conocida como el «Error de Diciembre», que provocó una devaluación del peso y una recesión económica que afectó gravemente al país. Esta crisis fue en parte consecuencia de políticas económicas implementadas durante su administración y de factores externos. El rescate bancario, a través del Fondo Bancario de Protección al Ahorro (Fobaproa), generó un gran descontento social debido al costo que implicó para el erario.

Las políticas salinistas sentaron las bases para el México contemporáneo, pero también dejaron una herencia de desigualdad, corrupción y desconfianza en las instituciones: una combinación de reformas económicas ambiciosas y una serie de crisis políticas y sociales que modificaría la historia reciente de México. Esa toma de poder de los tecnócratas representó en la práctica un cambio de régimen. Aunque en ese momento Claudia experimentaba el trascendente paso de la vida estudiantil a la profesional, de la soltería a la vida en pareja y la maternidad (el sexenio de Salinas es, para Claudia, paralelo al tramo que va de sus 26 a 32 años), las consecuencias del salinismo a la postre modificarán su biografía. La deriva tecnocrática neoliberal provocó la ruptura de la corriente progresista del PRI, encabezada por Cuauhtémoc Cárdenas, Porfirio Muñoz

Ledo, Ifigenia Martínez y, entre otros, un inquieto tabasqueño. Una corriente que, unida a las muchas variantes de la izquierda urbana a las que Claudia pertenecía o conocía, convergería en el movimiento social que hoy la lleva a Palacio Nacional.

La escuela

La educación para Sheinbaum siempre ha sido piedra angular de su manera de ver y actuar en el mundo. Para ella, desde la educación es posible transformar el mundo, y en esta ecuación los profesores son determinantes. Claudia se expresó sobre la importancia de sus propios profesores en su carrera profesional —mentores, figuras a seguir— durante una entrevista que le hizo José Manuel Posada de la Concha en 2010 para el sitio web de la Facultad de Ingeniería de su *alma mater*:

Desde chica siempre me gustaron las matemáticas y tuve un excelente profesor de física en el CCH Sur. En este sentido, es bueno decir que es muy conocida la aversión que tienen muchos estudiantes por las matemáticas, debido a la mala enseñanza del tema en nuestro país; un buen profesor puede ser fundamental para que te agraden las diferentes disciplinas, y yo lo tuve.

Me gustó mucho la carrera, pero yo quería cosas más aplicadas. En la Facultad de Ciencias (FC) tuve un profesor brillante: Marco Antonio Martínez Negrete, que daba un seminario muy bueno sobre energía; por eso mi interés en el área de energéticos, en la que actualmente me sigo desarrollando y que nunca dejé, ni como estudiante, ni como investigadora. En esas épocas estuve en un grupo de la FC donde hacíamos trabajo en comunidades rurales. Solicitamos un financiamiento y fuimos a Michoacán a promover tecnologías apropiadas, de tal forma que hicimos un estudio que hasta la fecha es el más completo en el país sobre el consumo de energía en una comunidad rural. Esto fue publicado en un cuadernillo del Colmex por ahí del 85. Nuestro trabajo se centraba en estufas eficientes de leña.

Salí de la carrera y de inmediato, sin recibirme, vine a hacer la maestría aquí, a Ingeniería, específicamente a la Facultad de Ingeniería (FI). Hice el posgrado en ingeniería energética mientras impartía ayundantías en la FC. A la par de estudiar la maestría, realicé mi tesis de licenciatura sobre un estudio termodinámico de una estufa eficiente de leña. En la maestría tuve la fortuna de tener como profesor al Ing. Jacinto Viqueira y como tutor al Dr. Gauntam Dutt, investigador hindú que actualmente trabaja en Argentina. Él es reconocidísimo a nivel internacional en temas de eficiencia de energía. Mi tesis de maestría fue sobre ahorro de energía en iluminación en los sectores residencial y comercial.[3]

Cuando dio esa entrevista, Claudia tenía más de 10 años de investigación en su área y había sido la «supersecretaria» de AMLO cuando fue jefe de Gobierno en el entonces Distrito Federal (2000 a 2006). Era vista como una profesionista con una experiencia que sobresalía en cada área en la que se dedicaba a trabajar. Para ella, su éxito profesional está inextricablemente unido a su formación escolar y a la dedicación con la que abordó sus estudios.

Una modelo para las niñas

En su documental homónimo, Claudia Sheinbaum da un mensaje a las niñas del presente y a las mujeres que definirán el futuro:

Hay que decirles a las jóvenes: «Sigan luchando porque nunca más "calladita te ves más bonita", nunca más». Falta hacer muchas más cosas, pero que las mujeres, las niñas y las jóvenes sepan que hay un gobierno que no las deja solas.

Yo veo cómo me miran las niñas. Me han dicho: «De grande yo quiero ser jefa de Gobierno». Ven a una mujer que fue jefa de Gobierno, gobernadora; hoy somos nueve gobernadoras en el país… Yo creo que eso a las niñas les abre un panorama que antes no tenían.[4]

Al ser Claudia Sheinbaum una científica, egresada de facultades de ciencias «duras», también es un referente profesional para otras niñas y jóvenes en un mundo donde solo el 12% de los miembros de las academias científicas son mujeres, según datos de la Unesco.

En sus discursos, Sheinbaum insiste en que ella, como política y científica, piensa objetivamente que «un mundo mejor es posible». En ese tenor, ofreció una conferencia en la Cumbre de Ciudades de las Américas, celebrada en Denver, Estados Unidos, el 27 de abril de 2023. En esa ocasión, habló desde su experiencia al frente de la capital del país:

La Ciudad de México, como muchas otras del continente, creció con graves problemas de desigualdad económica, social y territorial; además, con modelos de desarrollo sustentados en la sobreexplotación de los recursos naturales. Frente a estos históricos retos, se suma la necesidad de contribuir a la disminución de los gases de efecto invernadero y la adaptación a sequías y otras consecuencias del cambio climático.

En este marco, nosotros enfrentamos estos desafíos no con pesimismo, sino con el optimismo de que otra realidad y otro mundo es posible, siempre y cuando no olvidemos que los retos ambientales no se enfrentan solo con políticas ambientales, sino con la visión de que el desarrollo humano —ojo, dije desarrollo y no crecimiento económico— y la justicia social y ambiental siempre van de la mano.

Esto significa concebir que las personas y las sociedades debemos enfrentar los viejos y nuevos retos con una visión de derechos sociales, no todo puede tasarse con valor de mercado; es decir, el derecho de todos y todas a la educación, a la salud, a un salario y trabajo digno, a una vivienda digna, a la cultura; el derecho a un medio ambiente sano, a la justicia para los pueblos originarios y también el derecho de las mujeres a la igualdad sustantiva.[5]

Ciencia y mujeres

La primera mujer en México y América Latina titulada en la universidad fue la dentista Margarita Chorné y Salazar, en 1886, disciplina que heredó de su padre, lo cual ayudó para que le fuera otorgado el título profesional. En 1887, Matilde Montoya se convirtió en la primera mujer médica.

Según datos de la Organización para la Cooperación y el Desarrollo Económicos (OCDE), en 2017 se graduaron con un doctorado 9 300 personas en México, de las cuales el 52% eran mujeres. De este grupo, el 38% obtuvo su grado en el campo de la educación, lo cual evidencia una fuerte inclinación hacia áreas que tradicionalmente han contado con mayor participación femenina. Para 2018, había cerca de 250 000 estudiantes de posgrado en el país, de los cuales el 52% eran mujeres, según datos de la Secretaría de Educación Pública (SEP).

Sin embargo, el efecto acumulado tras décadas caracterizadas por la inequidad de género es palpable. En 2022, de los 183 investigadores e investigadoras eméritos del Consejo Nacional de Ciencia y Tecnología (Conacyt), solo 38 eran mujeres. Científicas que demostraron una trayectoria sobresaliente en sus respectivas áreas de especialización e hicieron contribuciones fundamentales para la generación de nuevo conocimiento científico, humanístico o tecnológico.

Lo cierto es que persisten fuertes desafíos en el campo laboral en el que Claudia Sheinbaum se desenvolvió. Aunque las mujeres y los hombres tienen un número similar de investigaciones, y ellas producen una cantidad comparable de artículos científicos y académicos, tienden a ser menos promocionadas a las categorías más altas de la Academia. Este fenómeno subraya la necesidad de políticas y medidas específicas para garantizar que las mujeres no solo accedan a la educación superior en igualdad de condiciones, sino que también puedan avanzar en sus carreras profesionales al mismo ritmo que los hombres y consigan una representación equitativa en los niveles más altos de la investigación y la Academia.

De acuerdo con datos del Instituto de Estadística de la Unesco, las mujeres representan el 33.3% de las plantillas de investigadores a nivel mundial. En México, según datos del Instituto Mexicano para la Competitividad (IMCO), en 2022 se registraron 494 753 mujeres que estudiaban algún programa relacionado con la ciencia y la tecnología.

En México, las profesiones en las disciplinas de ciencia, tecnología, ingeniería y matemáticas (STEM, por sus siglas en inglés), ofrecen salarios por encima del promedio nacional, y presentan una menor brecha salarial entre hombres y mujeres, de acuerdo con el IMCO. Una oportunidad significativa para impulsar la equidad de género y mejorar las condiciones laborales en sectores clave para la economía del país.

4

LA UNIVERSITARIA INQUIETA

Las luchas estudiantiles de la década de 1980 marcaron la trayectoria de Claudia Sheinbaum y la foguearon, igual que a toda su generación.

Primero, a los 15 años, «me acerqué, me involucré con el movimiento de doña Rosario Ibarra de Piedra y otras madres que buscaban a sus hijos que habían sido desaparecidos por motivos políticos por el Estado», cuenta Sheinbaum en *Claudia: el documental*.[1]

Claudia Sheinbaum Pardo ingresó al Colegio de Ciencias y Humanidades (CCH), plantel Sur, en 1977, una institución educativa reconocida por su enfoque crítico y humanista. Desde su ingreso, se sintió atraída por la vida política y pronto se sumó a su primera acción política en el ámbito universitario: el movimiento de rechazados. Este movimiento buscaba abrir espacios para aquellos estudiantes que, a pesar de cumplir con los requisitos académicos, no eran admitidos en las universidades públicas debido a la limitada capacidad de estas instituciones. Claudia, con su espíritu combativo y su pasión por la justicia, se convirtió en una voz activa en este movimiento.

Como se ha señalado antes, por vocación familiar y personal, lo que había observado durante su infancia en los años sesenta a través de sus padres evolucionó de manera natural hacia un activismo en el ámbito universitario en los años ochenta. Durante su paso por el CCH Sur, Claudia continuó participando en diversas acciones políticas y sociales, siempre guiada por los principios éticos que había recibido en casa. Estas experiencias tempranas en la política universitaria le proporcionaron una plataforma para expresar sus ideas, pero también fueron la semilla que veinte años más tarde le permitiría ejercer las responsabilidades en la administración pública, consciente de la base social y de los protagonistas de la calle.

Ulises Lara, desde enero de 2024 titular de la Fiscalía General de Justicia de la CDMX, era estudiante del CCH Oriente mientras Claudia estudiaba en el plantel Sur. Recuerda haberla conocido «por ahí de 1979», cuando él militaba en un grupo de inspiración maoísta. Los jefes del grupo solían mandar a los más chavos a las reuniones «para que se curtieran» y a Lara le correspondió asistir a una en el Centro Nacional de Comunicación Social (Cencos), que alojaba todo tipo de disidencias.[2]

La reunión tenía el propósito de organizar la marcha conmemorativa del 10 de junio. La instrucción que había recibido Lara era buscar que el contingente de oriente marchara al frente —«no afloje, compañero, ustedes van hasta adelante», le habían dicho—, así que cuando escuchó a alguien proponer un orden distinto para los contingentes, Lara dijo, con mucha seguridad a la persona vestida de mezclilla, camisa a cuadros y con el pelo chino: «No, compañero, nosotros tenemos que marchar al frente…». La respuesta fue más que sorpresiva: «¡Soy compañera y me llamo Claudia!». Ulises Lara se comió la vergüenza y la discusión siguió.[3]

En su etapa formativa del CCH, Claudia estaba en el turno 01, de siete a once de la mañana. De once a doce tomaba clases de francés y, por las tardes, sin falta, iba a sus clases de *ballet* clásico. «Siempre estudié *ballet*», dice con cierta nostalgia. «Andaba en eso [las actividades políticas], pero nunca me perdía mis clases de *ballet* en las tardes, hasta el primer año de la facultad».[4]

Luego, ya como estudiante en la licenciatura en Física de la UNAM, se involucró en el activismo desde el CEU, creado en 1986 y cuya principal lucha era impugnar un cúmulo de reformas impulsadas por el rector, Jorge Carpizo, para privatizar la educación pública. En el citado documental, Claudia lo explica así:

> Quizá fue uno de los primeros movimientos estudiantiles que se enfrentaba a las políticas neoliberales. Querían elevar las cuotas, la inscripción, las colegiaturas. Y entonces se argumentaba que a los estudiantes no les importaba la educación porque no pagaban por ella. Y el principal elemento de defensa de los estudiantes entonces era que la educación no es una mercancía, la educación es un derecho. Está establecido en el Tercero constitucional.

«Creo que las autoridades universitarias nunca esperaron que se fuera a generar un movimiento tan fuerte como el que hubo», remata una joven Claudia Sheinbaum, estudiante de licenciatura.[5]

Una vez que arrancó el movimiento, la participación de Claudia fue intensa. Ella era portavoz de su facultad en las asambleas y adquirió un rol dirigente. Arturo Chávez recuerda su capacidad para dar rumbo al marasmo del asambleísmo universitario:

> Era de las que ponían orden en los debates interminables, sobre todo cuando ya había que tomar decisiones importantes, como irte a huelga, levantar la huelga o abrir el diálogo con las autoridades. Era muy ordenada. A los demás nos impresionaba su capacidad de sistematizar y decir: «La alternativa va por acá». Y tenía autoridad para poner orden.[6]

A su vez, el caricaturista Rafael Barajas, el Fisgón, apunta:

> Claudia siempre se aparecía cuando las cosas se ponían serias. Cuando había que tomar decisiones y organizar y estructurar, quien resolvía era Claudia. Entonces nos dimos cuenta de que era un cuadro muy eficaz.

En internet hay videos de una joven Sheinbaum, precisamente, organizando una asamblea; sin megáfono, la voz a pecho, se le oye decir: «¡No caigamos en provocaciones!», «¡Hagan una valla!», «¡Compañeros!».[7]

Claudia Sheinbaum participó en diversas luchas sociales y movimientos estudiantiles a lo largo de su trayectoria: la huelga de hambre liderada por Rosario Ibarra de Piedra frente a la Catedral Metropolitana a favor de las madres que buscaban a sus hijos desaparecidos, la recaudación de fondos para la lucha contra el fraude electoral en Juchitán, Oaxaca, o el apoyo a los huelguistas de la refresquera Pascual, entre otras.

Trabajo de campo

Cuando Claudia Sheinbaum cursaba su licenciatura, su participación en actividades políticas —según recuerda ella— disminuyó considerablemente debido a que se dedicó a trabajar en comunidades rurales, un destino al que fue enviada por sus profesores. Durante este tiempo, su interés por los temas relacionados con la energía comenzó a tomar forma y se convirtió en una pasión duradera.

En la Facultad de Ciencias, Claudia se unió a un grupo de estudio —ya mencionado— coordinado por Marco Antonio Martínez Negrete, quien impartía una materia optativa precisamente sobre energía. Estas clases, además de ofrecer conocimientos teóricos, los sumergían en la realidad de los problemas energéticos del país, vistos desde el ámbito de las comunidades rurales.

Los maestros de Claudia creían firmemente en la importancia de que los jóvenes aprendieran a enfrentar problemas reales. Este enfoque práctico permitió a Claudia y a sus compañeros entender mejor las complejidades del entorno rural y los desafíos ambientales que enfrentaba la capital. Durante estas experiencias, su interés en la intersección entre energía y medio ambiente se solidificó, lo que marcó el comienzo de una carrera dedicada a abordar y resolver problemas críticos relacionados con la sostenibilidad y la justicia ambiental.

La combinación del trabajo en comunidades rurales y el enfoque práctico en su educación universitaria le proporcionaron una perspectiva más amplia y una mejor comprensión de los problemas energéticos y ambientales, algo que nunca habría desarrollado de haber quedado constreñida a una experiencia urbana o al ámbito de las aulas y las bibliotecas.

Recuerdos de Michoacán

En palabras de Claudia, durante una entrevista con Gabriela Warkentin: «Siempre quise una actividad más aplicada; junto con varios estudiantes nos juntamos en la Facultad de Ciencias estudiando Física y decidimos que estaba bien la Física teórica, la relatividad y todo los demás, pero queríamos Física aplicada».[8] Fue entonces cuando el profesor Martínez Negrete, que era michoacano, les propuso a sus alumnos hacer trabajo de campo en su estado de origen, en la región purépecha.

Por lo tanto, fueron primero a una comunidad llamada Las Guacamayas y después a Cheranatzicuriin (conocida como Cheranástico), una población que hoy tiene apenas poco más de dos mil habitantes. Los estudiantes pasaban la mitad de cada mes en la comunidad, con todo lo que ello significaba.

Claudia recuerda que a veces viajaba sola hasta esa comunidad. «Había que tomar dos camiones, y no eran camiones de los de ahora, sino medio guajoloteros, de Flecha Roja o Autobuses de Occidente. Pero me gustaba mucho ir a la comunidad; era vivir el México rural, las carencias y al mismo tiempo la alegría, ¿no?».[9]

A principios de marzo de 2023, Claudia Sheinbaum —como parte de las giras encaminadas a darse a conocer en otras regiones del país— ofreció la conferencia titulada «Políticas de gobierno al servicio del pueblo» en Morelia. Ahí relató un poco más de su trabajo en Michoacán:

> Un grupo de jóvenes decidimos que la Física para nosotros tenía que ser aplicada, y trabajamos cerca de tres años en Cheranástico [...]. Yo me dediqué a medir la cantidad de leña que usaban las mujeres en las casas y a hacer estufas eficientes de leña para mejorar la vida de las mujeres, hacer menor el consumo de leña (y, por ende, reducir el tiempo de exposición al humo) y mejorar el bosque; sobre todo, mejorar la salud de las mujeres y ampliar su tiempo libre.
>
> Desde siempre me interesé por los derechos de las mujeres, por los derechos de la naturaleza, pero sobre todo por el bienestar de la gente. Tres años estuvimos trabajando en la meseta y aquí se quedó mi corazón, la verdad, porque yo pensé que venía a enseñar y la que salió enseñada fui yo. De aquí me llevé el corazón de los purépechas y de las purépechas, sobre todo.[10]

Claudia recién había terminado el informe de su proyecto, el cual había obtenido recursos de una fundación canadiense, cuando el rector Jorge Carpizo lanzó su iniciativa de reforma universitaria. En ese momento, ella estaba trabajando en su tesis y al mismo tiempo era ayudante de profesor en la Facultad de Ciencias. Con esa capacidad, compartía un cubículo con otros adjuntos en el tercer piso del edificio.

Un día, Imanol Ordorika y Carlos Ímaz fueron a buscar a Claudia a su cubículo. Poco antes, el rector Jorge Carpizo había hecho público el documento en el que condensaba su visión de reforma universitaria. «Fui al primer mitin del CEU y dije: "No, esto no me lo puedo perder", aunque ya había hecho todo mi trabajo de campo», recuerda Claudia.[11]

Antes del movimiento del CEU, Claudia ya había tenido una intensa participación en la Facultad de Ciencias, justo después de ingresar, en 1981. En ese momento dejaba la dirección Ana María

Cetto y se preparaba el relevo. El nuevo nombramiento dio lugar a un inusual involucramiento de los estudiantes: una asamblea general y 16 asambleas deliberativas. Aunque Claudia tenía pocos meses en la Facultad, formó parte del grupo de profesores y estudiantes protagónicos en el proceso. La nueva dirección de la Facultad de Ciencias tenía que acordarse en una asamblea general; ella estuvo involucrada en las 16 asambleas, la mayor parte conducida por un grupo de profesores y estudiantes entre los cuales se encontraba ella.

El mitin de Cuauhtémoc

Otra etapa crucial en la formación política de Claudia Sheinbaum ocurrió en 1988 durante «la ruptura del PRI, la corriente democrática encabezada entonces por el ingeniero Cárdenas e Ifigenia, se creó un movimiento muy grande y desde la universidad participamos nosotros», recuerda Sheinbaum.[12]

En 1987, la Corriente Democrática del PRI, liderada por Cuauhtémoc Cárdenas, rompió con el partido oficial y comenzó a buscar posibles alianzas con la izquierda. Muchos universitarios, incluidos los del movimiento CEU, se involucraron en la campaña del ingeniero Heberto Castillo, quien finalmente declinó a favor de Cárdenas. Además, otros sectores universitarios participaron en la creación del efímero Movimiento al Socialismo, que en 1989 se unió a la convocatoria para formar un nuevo partido. Para consolidar su iniciativa política, Cárdenas buscó el apoyo de los líderes más visibles del CEU, aún muy presentes en la memoria colectiva. Entre los convocados estaban Carlos Ímaz, Imanol Ordorika y Antonio Santos.

Una de las primeras reuniones entre estos líderes y Cárdenas tuvo lugar en la casa que Claudia compartía con su entonces esposo, Carlos Ímaz, en «una vecindad del rumbo de San Jerónimo», como ella misma describe.

Claudia rememora cómo en ese entonces no asociaba la sencillez con los políticos, y menos con los encumbrados, por lo cual le sorprendió que Cárdenas lo fuera. «Me llamó mucho la atención que se paró a servirse su café», una de las muchas muestras de las actitudes del ingeniero que contrastaban con la pompa del priismo en decadencia. En estas reuniones se acordó organizar la visita de Cárdenas a Ciudad Universitaria. Este periodo consolidó el compromiso de Claudia con la lucha política y social, y de alguna manera fue el inicio de su carrera política fuera del ámbito universitario.

5

MÁS ALLÁ DEL MATRIMONIO

A medida que avanzaba en sus veintes y pasada la novedad del campus, la joven Claudia Sheinbaum Pardo comenzó a concentrarse en las exigencias de su carrera: la Física. Al mismo tiempo, la política comenzó a ganar espacio en su día a día, aunque, salvo en momentos críticos, siempre supeditado a sus responsabilidades académicas.

Aunque para algunos pudieran parecer caminos totalmente separados, para ella constituían versiones de un mismo impulso. La ciencia debe apoyar a la comunidad y convertirse en una vía que propicie una sociedad más próspera y equilibrada. La sociedad, a su vez, debe abrirse al pensamiento científico y racional para acceder a una vida social menos intoxicada por los prejuicios y la ignorancia. Ciencia y política, dos dimensiones que forman parte íntegra de su historia personal desde la mesa familiar, ahora se presentaban ante ella como distintas caras de una misma moneda: herramientas para reimaginar su futuro y el de su entorno.

En un principio, asumió que las ciencias constituirían su vida profesional y su futura fuente de sustento, y, en lo posible, intentó que las preocupaciones sociales constituyeran el *leitmotiv* de su práctica profesional. La militancia específica en tareas políticas, durante esos años, fue más bien el resultado de coyunturas puntuales cuando estas surgían en su camino. Tal fue el caso de la crisis que vivió la

UNAM debido al intento de reforma conservadora conducida por el rector Jorge Carpizo en la segunda mitad de la década de los ochenta, como se mencionó antes.

En octubre de 1986, fue creado el CEU con el propósito de organizar la resistencia en contra de las reformas estructurales y académicas propuestas por el rector Jorge Carpizo, quien desconfiaba de un compromiso social en las instituciones públicas. Claudia participó activamente como representante de su facultad y conoció a los líderes de las otras escuelas, entre ellos a quien sería su compañero de vida los siguientes 30 años.

Carlos Ímaz

Antes de continuar, es conveniente hacer una precisión. En los perfiles biográficos de los políticos, el papel de las parejas suele ser apenas incidental. La interpretación del sexenio de Carlos Salinas o el de Andrés Manuel López Obrador no requiere ahondar en la personalidad o las circunstancias de sus consortes, al menos no más allá de la importancia que tienen los temas familiares en la trayectoria de cualquier persona, pero no necesariamente en su vida pública. Sin embargo, no podríamos decir lo mismo del caso de Vicente Fox y, en algún sentido, del de Enrique Peña Nieto.

No obstante, en el caso de Claudia Sheinbaum, es necesario explicar el papel de la figura de Carlos Ímaz y su incidencia en los primeros años de la trayectoria de la hoy presidenta electa. Si Ímaz hubiera sido un científico o un artista, su rol en estas páginas habría merecido un tratamiento meramente testimonial. Tal es el caso, incluso, en lo referente a la pareja actual de Claudia Sheinbaum. Ahora bien, aunque el papel de Ímaz es importante, es necesario no exagerarlo. Está muy extendido el prejuicio que tiende a exagerar el peso de una figura masculina como base del éxito de mujeres con destacadas trayectorias públicas: un esposo, un padre, un hermano. Estoy convencido de que con Ímaz o sin Ímaz, Sheinbaum estaría donde se encuentra ahora; sus logros actuales remiten a los méritos personales realizados dentro del movimiento liderado por la figura de López Obrador. No obstante, las circunstancias no son ajenas al hecho de que su marido era un político profesional y eso colorea la manera en que esa trayectoria «sucedió» en aquellos primeros años.

Carlos Ímaz era tres años mayor que ella, aunque, cuando se conocieron, le llevaba mucho camino recorrido en materia de activismo político o cosas de la vida. Paradójicamente, también es hijo de un matemático, Carlos Ímaz Jahnke, y de una etnobotánica, y nieto del filósofo español Eugenio Ímaz Echeverría. Sin embargo, a diferencia de Claudia, había elegido las ciencias sociales y su activismo estudiantil era mucho más intenso. Recién licenciado de Sociología y flamante profesor de la UNAM, se convirtió en uno de los tres o cuatro líderes clave del CEU, mientras estudiaba la maestría en Sociología.

El pulso entre el rector y el CEU se extendería durante los siguientes meses de aquel 1986 y saldría del ámbito estrictamente universitario para convertirse en una de las principales tensiones políticas y mediáticas de la escena nacional de ese momento. La propuesta del rector para aumentar el costo económico de la inscripción, entre otros temas, generó un debate nacional sobre los límites y los alcances de la responsabilidad del Estado en la educación superior. Las posiciones se endurecieron hasta culminar con un llamado a la huelga general convocada por el CEU en enero de 1987. Tras más de dos semanas de paro total de actividades, el rector cedió y retiró su intento de reforma.

Durante los meses que sacudieron la vida de la UNAM, los líderes y activistas universitarios vivieron en la burbuja del más intenso de los protagonismos. Días de interminables asambleas, de agotadoras tareas de organización y comunicación en los que el resto de la vida se puso en pausa. Un febril marco para el romance de los jóvenes. El exitoso final del movimiento estudiantil debió haber sido un momento apoteósico. Claudia y Carlos se casaron ese mismo año: 1987. Carlos había terminado poco antes su matrimonio con Sandra Alarcón, con quien había tenido un hijo, Rodrigo, al cual Claudia conocería de muy pequeño y asumiría como propio. En 1988, tendrían juntos a su hija Mariana.

La relación con alguien de trayectoria eminentemente política tal vez acuerpó el interés y la participación de Claudia en estos temas. Los dos se inscribieron en el recién fundado PRD, en 1989, surgido a raíz de la campaña presidencial de Cuauhtémoc Cárdenas.

Por aquella época, en el PRD convergían dos grandes tendencias: por una parte, el desgajamiento de un grupo de priistas encabezado por figuras preeminentes, como el propio Cárdenas, Porfirio Muñoz Ledo e Ifigenia Martínez, molestos por el giro tecnocrático que había tomado el partido con Carlos Salinas de Gortari. Por otra parte, en el nuevo partido también coincidieron distintas corrientes de izquierda, de composición muy variopinta, desde el Partido Comunista y grupos radicales hasta movimientos progresistas de banderas democratizantes. Carlos Ímaz y Claudia Sheinbaum se inscribían en esta última corriente.

Carlos se involucró más que ella en la vida partidaria, junto a los muchos cuadros que el nuevo partido reclutó en las filas universitarias. Él fue activo desde el primer momento y, tras terminar su doctorado, se incorporó de lleno a las actividades del partido. Como exlíder estudiantil, tenía el carisma, la solvencia intelectual y la trayectoria para ser un ejemplar idóneo de una izquierda moderna y espabilada, dispuesta a tomar el relevo. En 1999, fue elegido presidente del PRD en la capital de México y, como tal, participaría activamente en la campaña electoral de López Obrador.

La participación política de Claudia se vio más acotada a medida que las responsabilidades familiares y la investigación científica comenzaron a demandar más tiempo. En 1989, a los 27, obtuvo el título de licenciada en Física con la tesis *Estudio termodinámico de una estufa doméstica de leña para uso rural.* Y si bien el tema de tesis transparentaba claramente sus dos vocaciones, es decir, sus preocupaciones sociales y sus afanes científicos, la joven tenía claras sus prioridades profesionales.

6

LA DOCTORA

El tránsito del activismo universitario a la política no fue automático ni inmediato. Aun cuando Claudia Sheinbaum había incursionado en un activismo muy comprometido desde sus años de licenciatura. En esos años, ella y su pareja, Carlos Ímaz, ya estaban inscritos en las filas del PRD, pero había muchas figuras con mucho más peso antes que ellos. Así que, como ella misma ha dicho, su decisión profesional en esos momentos fue seguir con su formación académica y hacerlo al más alto nivel posible.

En 1988, Claudia inició la maestría en Ingeniería Energética, en la Facultad de Ingeniería de la UNAM, y dos años más tarde presentó la tesis *Economía del uso eficiente de la energía eléctrica en la iluminación*, lo cual le permitió optar por el programa de doctorado de la propia UNAM. En una entrevista para el portal del Instituto de Ingeniería, ella misma comenta lo siguiente:

> Terminando la maestría, hice algo que ya no se acostumbra mucho y debería promoverse más en la UNAM. Yo fui la primera inscrita en el doctorado de Ingeniería Energética en México. Apenas se abría este doctorado y me fui a hacer mi investigación afuera. Es decir, mi título doctoral es de la UNAM, pero mi investigación la hice en otra dependencia, el Lawrence Berkeley National Laboratory. Tuve una beca de la DGAPA, que para la UNAM fue mucho más económico porque no tuvo que pagar colegiatura en otra universidad, ya que estaba inscrita aquí. En Berkeley estuve casi 4 años. Debido a que el

nivel académico de la UNAM es muy bueno, llegué allá y no tuve ningún problema en incorporarme al ritmo de trabajo y estudio.[1]

Así fue como Claudia Sheinbaum ingresó al doctorado en Ingeniería Energética de la Facultad de Ingeniería de la máxima casa de
estudios de México, y se convirtió en la primera mujer en esa especialidad. Otro de los históricos hitos en su carrera.

Su estancia doctoral, que duraría cuatro años, la hizo en uno de
los campus de la Universidad de California, en Berkeley. Su hija
Mariana apenas tenía dos años cuando toda la familia se trasladó
a la costa este de Estados Unidos. Su ahora exesposo, Carlos Ímaz,
también logró ingresar a un programa de doctorado en el país
vecino, en la Universidad de Stanford, ubicada en California. La
institución les proporcionó una residencia donde vivió la pareja
con sus dos hijos.[2]

Al referirse a esa experiencia Claudia dice:

> Vivíamos en Stanford que tenía una estancia para estudiantes; creo
> que ya destruyeron esas viviendas, eran casitas chiquitas que hacían
> un círculo y todas las puertas de atrás daban a un jardín. Los hijos
> convivían con niños de todo el mundo, porque eran para estudian-
> tes extranjeros. Y pues tenía beca y aparte trabajaba. Me dedicaba
> a hacer el doctorado, a trabajar y a vivir con los niños. Una época
> bonita.[3]

«Me dedicaba […] a vivir con los niños», ha dicho Claudia en
más de una ocasión, siempre en un tono mucho más cercano a la
nostalgia, nunca al reproche. Una expresión que nutre las muchas
evidencias de las intensas filias maternas que exhibe cada vez que
aflora el tema de sus hijos.

El laboratorio donde trabajaba Claudia Sheinbaum estaba a pocos pasos del campus de Berkeley, una institución emblemática
por su activismo social y político. Este entorno le permitió explo-

rar una faceta diferente de la vida estadounidense, más allá de su ámbito científico.

Berkeley era un lugar cargado de historia y significados, uno de los epicentros del movimiento progresista en Estados Unidos. Harley Shaiken, quien presidió el Centro de Estudios de América Latina en Berkeley, de 1998 a 2021, expresó lo siguiente para *The New York Times*: «Estar en Berkeley es estar donde comenzó el movimiento por la libertad de expresión. Ella [Claudia] aprecia aspectos de la cultura de EUA que han mostrado el lado de la participación popular y los movimientos sociales».[4]

En esos años, la relación oficial entre México y EUA era cordial, pero con los sectores de izquierda era más bien tensa: el gobierno de George H. W. Bush acababa de invadir Panamá, perpetuando una larga historia de intervenciones estadounidenses en América Latina. Además, Bush padre respaldaba abiertamente al presidente mexicano Carlos Salinas de Gortari, quien había sido acusado de fraude en las elecciones de 1988. Esta combinación de eventos reforzaba el escepticismo y la desconfianza hacia la política exterior estadounidense entre los sectores progresistas de México. En este contexto, la estancia de Sheinbaum en Berkeley no solo le ofreció una oportunidad académica, también una ventana a los movimientos sociales y al activismo de aquel país, lo cual moldeó su visión política desde una perspectiva nueva.

Una currícula en inglés

Durante este periodo, Sheinbaum tomó varios cursos relacionados con su disciplina, justamente en la Universidad de Stanford y en la de California, en Berkeley. En realidad, escribiría allá el grueso de su tesis doctoral, *Tendencias y perspectiva de la energía residencial en México*. Así se expresó Claudia sobre esta investigación:

Durante el doctorado, mi investigación se centró en un estudio comparativo del consumo de energía entre los países industrializados y México. Mi tema de doctorado está en el marco de lo que se conoce como «consumo de energía por sus finales», que es una orientación de la energía en un sentido muy particular. A veces uno ve el consumo de petróleo, gas natural o electricidad como si fuera un fin en sí mismo. «¿Por qué voy a consumir electricidad?», «Porque se necesita…», pero en realidad el fin es que uno pueda, en su hogar, cocinar alimentos, iluminar una habitación, calentar agua. El fin es iluminación, cocción de alimentos, calentamiento de agua. Cuando tú lo ves desde esa perspectiva, que es la perspectiva de los usos finales, no necesariamente requieres tanta electricidad o tanto consumo de energía. Es una visión que se denomina de abajo hacia arriba. Esto se impulsó casi de forma paralela a la visión del desarrollo sustentable.[5]

La elección de los cursos muestra muy claramente su interés en temas ambientalistas desde una perspectiva científica:

- 1991, Energy Resources en el Department of Petroleum Engineering, Universidad de Stanford.
- 1992, Economics of Energy Resources en el Department of Earth Sciences, Universidad de Stanford.
- 1992, Latin America and Global Climate Change, en Berkeley.
- 1992, Comparative Analysis of Urban Policies, en el Department of Urban and City Planning, Berkeley.
- 1994, taller International Comparison of Energy Efficiency, en Berkeley.
- 1994, taller Greenhouse Gas Mitigation Assessment, en Berkeley.

Otros seminarios tenían un carácter más abiertamente político, como el curso Latin America after the Cold War, en 1993, en el Department of Latin American Studies, en Berkeley.

En su artículo «La experiencia de Sheinbaum en EUA da pistas sobre la futura relación bilateral»,[6] la reportera Natalie Kitroeff de *The New York Times* escribe que, durante su tiempo en el laboratorio, Claudia Sheinbaum asistió a una clase en la Universidad de California, campus Berkeley, sobre las relaciones EUA-México, impartida por Jorge Castañeda. Este curso era particularmente relevante, dado el contexto político de la época. Castañeda, quien más tarde se convertiría en el secretario de Relaciones Exteriores del gobierno de centro-derecha del presidente Vicente Fox, recuerda que en ese tiempo era cercano a Sheinbaum y a su esposo.

«Disfrutaban del área de la bahía», comentó Castañeda en una entrevista. «Al mismo tiempo, eran los típicos mexicanos de izquierda que no estaban contentos con Estados Unidos».

En la clase, Sheinbaum y sus compañeros exploraron desde las «tensiones, diferencias y conflictos» de los países, hasta el «estrechamiento de los lazos económicos» que se vivían en ese momento, según una copia del temario proporcionada por Castañeda. La controversia más apremiante del momento era la negociación del Tratado de Libre Comercio de América del Norte (TLCAN), que enfrentaba críticas de los mexicanos de izquierda, quienes temían que el acuerdo «le pondría fin a la industria y agricultura mexicanas», según Castañeda.

Protesta en el campus

La postura crítica de Sheinbaum hacia las políticas de Estados Unidos no se limitó al aula. En una manifestación significativa, cuando Carlos Salinas de Gortari dio un discurso en Stanford, el periódico universitario publicó una fotografía de Sheinbaum protestando con un cartel que decía en inglés: «¡Comercio justo y democracia ya!».

Los periódicos *Los Angeles Times* y *The Stanford Daily* reportaron las declaraciones de Claudia Sheinbaum, la estudiante al centro de la fotografía que sostenía una cartulina que exigía comercio justo y democracia. Sheinbaum explicó su acción: «Como nos impidieron realizar un diálogo con el presidente, tuvimos que hacerlo de esta manera». Una declaración que subrayaba su frustración por la falta de oportunidades para un intercambio abierto con el mandatario, así como su determinación de manifestar sus preocupaciones de cualquier manera posible.

La protesta tuvo lugar en un momento crucial, cuando el TLCAN estaba siendo negociado. Este acuerdo suscitaba intensas críticas de muchos sectores en México, particularmente de la izquierda, que temía por el futuro de la industria y la agricultura mexicanas bajo las nuevas condiciones comerciales.

Además de una joven Claudia blandiendo su cartulina, en la imagen se leen dos carteles más en inglés: «¿Cuántos muertos votaron en las pasadas elecciones?» y «México: la dictadura perfecta». La revista *Proceso* (núm. 779, del 7 de octubre de 1991) eligió esa fotografía y colocó como título: «Las protestas siguieron a Salinas en todo su viaje».

Vivir como extranjera

Este periodo en Berkeley le brindó a Sheinbaum una perspectiva más amplia sobre las relaciones internacionales, y reforzó su identidad como activista y defensora de los derechos sociales, fiel a sus principios a pesar de estar en un entorno extranjero.

Así habla Claudia de la experiencia social que significó vivir en California en la década de 1990:

Con todo y que nosotros somos de tez blanca, también había discriminación… Lo más rico era irse a comer por ahí, donde había las mejores carnitas, porque todo Aguililla, Michoacán, vive en Redwood City. Una de mis mejores amigas es de aquella época, una michoacana, economista que cruzó la frontera porque no tenía trabajo y también por la violencia. Comenzó limpiando casas y ahora trabaja en el hospital de Stanford. Se llama Alma González.[7]

Ahora, González es investigadora clínica en la Universidad de Stanford, pero en aquel entonces, en efecto, limpiaba casas para subsistir. Las dos mujeres compartían una profunda nostalgia por su hogar. Solían cantar boleros juntas y pasaban las tardes buscando auténtica comida mexicana en comunidades de personas migrantes a lo largo del área de la bahía, según relata González.[8]

«Ella entendía muy bien todo ese asunto de realmente estar acá, añorar estar en México», dijo González, quien tenía miembros de su familia indocumentados en ese momento. «A ella le pesaba que hubiera personas que tuvieran que venirse a trabajar acá y no tuvieran la posibilidad de ir a ver a sus familias».

La conexión entre ambas mujeres iba más allá de la amistad; a pesar de la trayectoria académica y profesional de Sheinbaum, compartían un entendimiento profundo de las dificultades y aspiraciones de los migrantes. Ambas lamentaban la falta de políticas que permitieran un tránsito legal y fluido entre los dos países. «Las políticas que no hay para ir y venir legalmente —dijo González—, que podríamos tener si hubiera una prioridad de los dos países».[9]

Un agradecimiento a lo que importa

En la madrugada del 1.º de enero de 1994, militantes del Ejército Zapatista de Liberación Nacional (EZLN) le declararon la guerra al Ejército Federal para exigir tierra, trabajo, techo, alimentación, salud, educación, libertad, independencia, democracia, justicia y paz para los indígenas de México.

Lo que la historia llamó el «Levantamiento zapatista» consistió en la toma armada de las cabeceras municipales de San Cristóbal de las Casas, Ocosingo, Altamirano, Las Margaritas, Oxchuc, Huixtán y Chanal en el estado de Chiapas. El Gobierno mexicano, encabezado por Carlos Salinas de Gortari, envió a las fuerzas armadas a hacer frente a los zapatistas. Los combates entre los indígenas y los soldados duraron 11 días, y dejaron decenas de muertos. Las imágenes de los cuerpos de indígenas tzotziles, tzeltales, choles y tojolabales tendidos en el suelo al lado de fusiles de madera y reales dieron la vuelta al mundo. Irónicamente, el rostro más visible fue el de un hombre encapuchado que se hizo llamar Subcomandante Marcos, hoy conocido como Subcomandante Galeano.

La *Declaración de la Selva Lacandona* fue el primer documento público del EZLN. En ella se invocaba el artículo 39 de la Constitución y se declaraba la guerra al Ejército Federal, señalado como el «pilar básico de la dictadura […] monopolizada por el partido en el poder y encabezada por el ejecutivo federal». La búsqueda de la firma del TLCAN hacía imperativo dejar atrás lo antes posible un conflicto que contradecía las aspiraciones salinistas de presentar a México como un país en los umbrales de la modernidad. Se requería encontrar una salida rápida.

A partir del 12 del mismo mes, las autoridades federales y el EZLN iniciaron acercamientos con el fin de encontrar soluciones. El 16 de febrero de 1994 comenzaron las primeras conversaciones y terminaron con la firma en 1996 de los Acuerdos de San Andrés sobre el «Derecho y Cultura Indígena» en donde el Estado se comprometía a reconocer a los pueblos indígenas constitucionalmente y a que gozaran de autonomía.

Las negociaciones entre el gobierno y los zapatistas se interrumpieron durante el mandato de Ernesto Zedillo debido a una propuesta gubernamental que no respetaba los acuerdos alcanzados. En respuesta, Zedillo lanzó una ofensiva militar, emitiendo órdenes de aprehensión contra líderes zapatistas y hostigando a las comunidades indígenas. Sin embargo, estas medidas fueron parcialmente revertidas debido a la presión de la sociedad mexicana, que se manifestó a favor del diálogo y la paz, y a la presión internacional, especialmente de organizaciones de solidaridad en Europa.

Incluyo esta breve mención del levantamiento zapatista porque la interpretación que Sheinbaum hizo de aquello, que solo podía seguir por las noticias desde una esquina del norte de California, pinta de cuerpo entero su convicción de que política y ciencia son convergentes. Su tesis doctoral es un estudio comparativo del uso de la energía residencial en México y en nueve naciones de la OCDE, a la que nuestro país pertenece desde 1994, fecha en la que Claudia termina su disertación. En ese sentido, no podía ser más actual.

Su principal objetivo era conocer, mediante la metodología de análisis por usos finales, las causas de las tendencias en el uso de la energía residencial en dichos países, sus efectos ambientales, el potencial técnico de conservación y las posibles políticas de ahorro y eficiencia energéticas que promuevan un desarrollo sustentable.

«Quiero agradecer a la Facultad de Ciencias de la UNAM por la beca que permitió realizar mi trabajo de investigación doctoral en el Lawrence Berkeley Laboratory», comienza Claudia Sheinbaum en su larga lista de agradecimientos antes del comienzo de su texto para el doctorado.

Sin embargo, mucho antes de los agradecimientos, Claudia tiene un gesto muy significativo: tras la primera página donde se coloca el título de la disertación, el grado a obtener, el nombre de la institución y la fecha —noviembre de 1994—, hay una sola frase a la mitad de la siguiente página.

¿Qué dice aquella hoja? ¿Qué puso Claudia al inicio de una tesis que le exigió 4 años de trabajo?

«¿Sustentabilidad?, preguntemos a los indígenas chiapanecos».

La frase resume gran parte de sus intereses, preocupaciones políticas, conciencia social y su idea de cómo la ciencia apoya al mundo, y de cómo el mundo alienta a la ciencia.

«Hubieran sido profesores, hubieran podido hacer sus vidas acá [...]. Pero decidieron regresar», concluye Alma González, la amiga cercana de Sheinbaum en California.[10]

7

MADRE E INVESTIGADORA

Cuando le preguntan por sus hijos, Claudia siempre responde: «Tengo dos», y la mayoría de las veces también señala la edad de ambos, como para dejar en claro que ya son personas adultas y, a la vez, para hacer notar que crecen independientes de lo que ella hace.

El día que Claudia Sheinbaum reciba la banda presidencial, su hijo, Rodrigo Ímaz Alarcón, tendrá 42 años, y su hija, Mariana Ímaz Sheinbaum, 36 años.

En 1988 se llevaron a cabo unas de las elecciones presidenciales más polémicas en la historia de México: en aquel julio ocurrió la supuesta «caída del sistema» electoral y horas después de la jornada de votación se nombró como vencedor y futuro presidente a Carlos Salinas de Gortari, imponiéndose entre cuestionamientos sobre el candidato de izquierda, Cuauhtémoc Cárdenas.

Ese año hubo importantes manifestaciones en apoyo al candidato del Frente Democrático Nacional. En una entrevista con la periodista Gabriela Warkentin, Claudia contó que ella estuvo presente en las movilizaciones de la primavera electoral de 1988;[1] el hecho en sí no es tan significativo como saber que ella asistía mientras estaba embarazada de Mariana, quien nacería en septiembre de ese año. Claudia tenía 26 años y estaba terminando su tesis de licenciatura en la UNAM y comenzando sus estudios de posgrado en la misma casa de estudios.

Como se ha señalado, en 1987 Claudia se casó con Carlos Ímaz Gispert, quien tenía un hijo de alrededor de 5 años, Rodrigo. Desde el primer momento, Claudia asumió que también era su hijo, así lo crio, y así lo nombra al hablar de él: «Mi hijo mayor».

Al año siguiente, Sheinbaum se tituló como licenciada en Física, nació su hija menor e ingresó, ese mismo año de sucesión presidencial, a la maestría en Ingeniería Energética, de la cual se titularía justo dos años después, 1990.

En la producción de 2023, *Claudia: el documental* —realizado por su hijo Rodrigo, que hoy es artista y cineasta—,[2] ella habló de ese exigente momento de su vida donde a su rol de investigadora y estudiante se sumó el de madre trabajadora que no deja de lado su faceta profesional:

> Yo estudié Física, después hice maestría y doctorado en Ingeniería en Energía. Mi hija Mariana, yo tenía 26 años cuando nació y era ayudante de Cálculo I y Cálculo II, y al mismo tiempo estudiaba la maestría, en la Facultad de Ingeniería de la UNAM. Cuando nació Mariana, a los cuatro meses entró en la guardería del Seguro Social; Rodrigo iba a la escuela. Entonces la dejaba en la guardería, que estaba en Tlalpan, de ahí me iba a dar clases, regresaba de dar clases, la recogía, regresaba a la casa de mi madre, terminaba la tesis de licenciatura y dos tardes por semana iba a tomar clase a la maestría […]. Pues así transcurre la vida de las mujeres.

Por aquella época, su camino parecía estar encausado definitivamente hacia la investigación y la docencia, la vida familiar y la actividad política marginal pero cotidiana, de la misma manera en que había transcurrido la vida de sus padres.

Doble jornada

En efecto, la rutina de Claudia Sheinbaum consistía en llevar y recoger a sus hijos de la escuela, dejarlos por las tardes en casa de su madre cuando tenía que dar o tomar clases, y luego recogerlos para regresar a casa, que en aquellos años estaba en San Andrés Totoltepec, casi en el Ajusco. Un trajín incesante. «La angustia sobre todo era recoger a tiempo a los hijos de la escuela. Esa angustia permanente del tráfico, de que ya se había hecho tarde, y eso que yo tenía un Volkswagen»,[3] dijo Claudia sobre esa época, no muy distinta de la de tantas madres trabajadoras de la capital de México, o del resto del país: el número de madres trabajadoras ha ido en ascenso desde hace 20 años. En 2023, en México, había más de 17 millones de madres trabajadoras.[4]

Mariana Ímaz Sheinbaum contó, en una serie de entrevistas, cómo fue para ella esa etapa: «Las mañanas eran así de "¡el desayuno!, ¡rápido!, ¡los tenis!, ¡la mochila!". Y recuerdo que me agarraba dormida, envuelta en las cobijas, me echaba en la parte de atrás del coche, íbamos a dejar a mi hermano, luego ella y yo nos íbamos a desayunar. Eran divertidas esas mañanas, la verdad».[5]

En su documental, Claudia recuerda cómo su hijo Rodrigo solía tener problemas en su secundaria, y ella siempre acudía a resolverlos.[6] También hace alusión a una ocasión en la que suspendieron a su hijo: «Lo expulsaron tres días por una travesura que hizo en la secundaria 29 y fui a hablar con los maestros». En esa misma entrevista se puede ver y escuchar a su hijo relatando la anécdota:

Una vez me corre la maestra de Matemáticas y me dice que no puedo volver hasta que no vaya mi mamá conmigo. Y llega Claudia. Toca la puerta y sale la maestra enojadísima y le dice: «Hola, soy la mamá de Rodrigo», y la maestra le azota la puerta en la nariz y le dice: «¡Ya lo sé, y no puede entrar!».

Y nos quedamos los dos afuera diciendo: «¿Y ahora qué hacemos?». Y me dice: «Métete por la ventana». Y entonces yo me metí por la ventana y me senté, y ya nadie dijo nada y pude regresar a mi salón.

El regreso a la capital de México tras cuatro años en California en la relativa tranquilidad de un ambiente universitario no debió de ser fácil. Pero lo encararon con el entusiasmo de un ansiado regreso a casa. Ella se reintegró a su puesto en el Instituto de Ingeniería de la UNAM y consiguió una asesoría en la Comisión Nacional para el Ahorro de Energía y en la Comisión Federal de Electricidad.

El regreso a casa

En 1994, una vez reinstalados en la capital de México, Claudia Sheinbaum y Carlos Ímaz reanudaron su vida en la política y en la UNAM, de la cual no habían salido del todo; ella más centrada en la investigación; él, en la docencia y de manera creciente en las actividades del PRD, en especial en la zona del sur de la ciudad.

Aunque su exesposo había crecido en otra parte de la capital, la convivencia con Claudia lo llevó a convertirse en vecino de Tlalpan, un dato importante porque posteriormente eso fue lo que les permitiría a ambos, con diferencia de más de una década, estar al frente de la delegación.

A mediados de la década de 1990, con 33 años, un doctorado y una decena de publicaciones en revistas internacionales especializadas, Claudia Sheinbaum comenzaba a ser reconocida como una de las pocas científicas ambientalistas existentes en México y en América Latina. Lo científico es importante porque la mayor parte de las nuevas corrientes ambientalistas que estaban surgiendo en el ámbito académico, intelectual o mediático, procedían de las ciencias sociales, de la geografía o de la biología. Claudia pertenecía a una corriente menos visible pero cada vez más respetada en estos círculos: la de los científicos de ciencias «duras» que ofrecían herramientas, sustento y análisis para ponerles números y posibles soluciones al cambio climático y sus efectos.

Durante los primeros años, antes del doctorado, el énfasis de sus preocupaciones como investigadora se orientaba hacia la sustentabilidad de las comunidades, el consumo doméstico de energía térmica y eléctrica para cocinar, calentar agua o iluminar; un interés no muy lejano a sus preocupaciones sociales y políticas. Aunque desde entonces había realizado estudios sobre las tendencias de la industria en el consumo de energía y su efecto contaminante, tras la experiencia internacional, su trabajo poco a poco se orientó a temas más macro, de mayor escala. En los siguientes años, como investigadora del Instituto de Ingeniería de la UNAM, se convertiría, a partir de 1996, en experta en temas de gases de efecto invernadero.

En la biografía oficial de Claudia Sheinbaum que aparece en el portal del Instituto de Ingeniería de la UNAM (hasta el 8 de julio de 2024),[7] se declara que es investigadora definitiva titular B e integrante del Sistema Nacional de Investigadores (SNI). También es autora de más de 100 artículos científicos, ha recibido 5 premios de carácter nacional e internacional, y ha escrito dos libros sobre temas de energía, medio ambiente y desarrollo sustentable.

Sus hijos

Su hija, Mariana Ímaz Sheinbaum, es historiadora por la UNAM y tiene un máster en Teoría de la Literatura y Literatura Comparada por la Universidad de Barcelona. Tiene estudios de doctorado en Filosofía por la Universidad de California. Es profesora en la Facultad de Filosofía y Letras, donde imparte la materia de Historiografía.

En 2021, en el marco de la sucesión presidencial de Morena, la joven Ímaz Sheinbaum fue blanco de una serie de ataques ante el «hallazgo» de una supuesta irregularidad: había recibido becas para estudios en el extranjero.[8] No importó que, al igual que muchos otros estudiantes, hubiera obtenido ese apoyo del Conacyt por sus propios méritos y en cumplimiento de todos los requisitos académicos que exigen este tipo de apoyos. Tampoco importó que tales becas hubieran comenzado en 2016, en el sexenio de Enrique Peña Nieto, cuando Claudia era una tenaz opositora. Para golpear políticamente a su madre, Mariana fue acusada falsamente en los tribunales mediáticos de gozar de una beca millonaria por ser hija de la entonces jefa de Gobierno de la CDMX.

El tema llegó a la conferencia de prensa de la jefa de Gobierno, y su respuesta, en lugar de entrar en los dimes y diretes que buscaban empañar su imagen, fue hablar directamente de Mariana y su recién terminado doctorado en la Universidad de California, campus Santa Cruz: «Me siento muy orgullosa de mi hija», dijo aquella vez.

Su hijo, Rodrigo Ímaz Alarcón, es artista plástico y documentalista. Estudió Artes Visuales en la Escuela de Artes Plásticas de la UNAM, donde obtuvo su cédula profesional en 2008. Entre 2008 y 2009 cursó una maestría en Práctica Artística en la Universidad Politécnica de Valencia, en España, y en el Centro Universitario de Estudios Cinematográficos, también en la Universidad Nacional. Ha desarrollado su carrera gracias a distintos programas de becas, como el de la Fundación Jumex y el del Fondo Nacional para la Cultura y las Artes.[9]

Su hijo también ha hecho cine. Su cortometraje documental *Juan Perros* le valió una invitación a participar en el Festival de Cannes. En mayo de 2023, se convirtió en papá de Pablo Ímaz, a quien tuvo con su pareja Sofía, e hizo debutar a Claudia Sheinbaum como abuela.[10]

Sheinbaum se define como muy «niñera», y le encanta jugar con ellos. En el documental *Claudia,* Rodrigo Ímaz comparte un video donde se ve a Claudia bailando de alegría tras enterarse de que él sería papá. Más tarde señalaría que el día en que nació su nieto, el 2 de mayo de 2023, había sido uno de los más felices de su vida. Días después posteó un mensaje en Instagram: «El amor de abuela es como la inmensidad, llena el alma con una felicidad indescriptible. Aquí te sostengo siempre junto a tu mamá y papá adorados».

En alguna ocasión mencionó que de no haber sido científica o incursionado en la administración pública le habría gustado ser maestra de la primera infancia. Lo corroboró con una peculiar anécdota un miembro de su Gabinete del Gobierno de la Ciudad de México, que prefiere guardar su anonimato.

Hace varios años, al arranque del sexenio, tuvimos una reunión social y familiar varios de los colaboradores, a la que asistió la jefa de Gobierno; cuando le presenté a mis dos hijos pequeños se puso a platicar con ellos un largo rato y se olvidó de todos nosotros. Dos o tres años más tarde, en un evento parecido, llevé a mis hijos y la doctora ni siquiera me saludó, los saludó a ellos por nombre y reanudaron la conversación como si hubiera sucedido unos días antes.

La maternidad

Sheinbaum ha señalado que el hecho de haber tenido hijos, criarlos y educarlos constituye una experiencia transformadora que modifica todo.

Creo que cuando se pregunta si las mujeres gobernamos distinto a los hombres, sí, gobernamos con ojos de mujer [...]. Sí hay un sentido de protección que es parte de tu vida en el momento en que eres madre. Y eso lo llevas a muchas esferas, por lo menos es mi caso. Entonces, siento como cierta responsabilidad de proteger a todos los habitantes de la ciudad.[11]

Ser funcionaria, servidora pública, es una tarea que entraña resguardar a los otros, cuidar a los demás. Un credo que Claudia Sheinbaum ha sostenido a lo largo de su carrera y que parece nutrirse de esta reflexión sobre la responsabilidad de proteger, en particular, a los más vulnerables. En entrevista con Gabriela Warkentin, completa la idea:

> Yo sí creo que las mujeres tenemos, pues, una manera distinta de ver el mundo. No solamente creo que hay una empatía muy importante, quizá por ser madres, por lo que significa ser una jefa de familia, sino también una visión hacia las propias mujeres en la sociedad.[12]

8

SUPERSECRETARIA

Voto por voto

E l 2 de julio de 2006, ocho de la noche. Los medios de comunicación, conforme a la ley, ya podían revelar los resultados de las encuestas de salida. Sin embargo, debido a lo ajustado de la votación, nadie pudo adelantar el nombre del vencedor en la contienda presidencial.

—Son las ocho de la noche. Hasta este momento los datos de los que dispone Consulta Mitofsky, le informo, no permiten proyectar una tendencia sobre un ganador en la contienda electoral —dijo Joaquín López-Dóriga en el Canal de las Estrellas, de Televisa.

En TV Azteca, simultáneamente, Javier Alatorre declaraba que las cifras de la encuestadora Mendoza Blanco y Asociados, contratada por su televisora, no eran suficientes para hacer una declaración victoriosa para ningún bando. Y, al mismo tiempo, *El Universal* publicaba en su página de internet que la empresa contratada para elaborar la encuesta de salida, Ipsos-Bimsa, había declarado que la distancia porcentual entre los dos primeros lugares era tan estrecha que no se podía distinguir a ningún ganador.

Entonces, la encuestadora encargada de la campaña de López Obrador, Ana Cristina Covarrubias, informó a los medios de comunicación que, según su encuesta de salida, el candidato de la izquierda tenía una ventaja de 2.4 puntos. Este anuncio desencadenó una intensa confrontación de cifras. Poco después, la consultoría GEA-ISA anunció que su propia encuesta de salida mostraba a Felipe Calderón con una ventaja de 3.6 puntos.

A las once de la noche, Luis Carlos Ugalde, el entonces consejero presidente del Instituto Federal Electoral, apareció en cadena nacional de televisión. Comenzó reconociendo la participación de millones de votantes ese día y luego procedió a informar que no se podía declarar un ganador porque los márgenes de error no permitían distinguir claramente a la fuerza política con mayor porcentaje de votos. Esto dejó a muchos mexicanos confundidos, ya que esperaban un resultado claro y definitivo.

Ugalde añadió: «Para conocer los resultados oficiales de la votación, el IFE realizará el conteo distrital de los votos. Este inicia el miércoles 5 de julio y se lleva a cabo de manera ininterrumpida. Cuando concluyan esos cómputos distritales, sabremos cuál fue el candidato que obtuvo más votos». En otras palabras, los resultados finales se conocerían una vez que se completara el conteo distrital, el cual comenzaría en tres días y continuaría de forma ininterrumpida hasta su conclusión.

En su documental homónimo, Claudia Sheinbaum cuenta lo que ocurrió después:

Cuando viene el fraude del 2006, yo lo voy a ver al siguiente día [a López Obrador]. Entonces empezaba lo del «Voto por voto», pero de la gente, y él me dice «¿Me puedes ayudar a trabajar con un equipo para entender cómo fue el fraude?». Y fueron muchos, muchos días de ver las actas, ver cómo eran, contar los números, hacer matemáticas, con el famoso PREP,[1] hasta que vimos cuál había sido el esquema principal del fraude, que fue la casilla, cambiando los datos de las actas, aparte de otros métodos, pero todo ese proceso para saber exactamente qué había ocurrido y cómo evidenciar que realmente había un fraude, pues fueron muchas noches sin dormir, y muchos matemáticos y científicos que en su momento también hacían sus propios números.[2]

Se cerraron filas dentro del núcleo del movimiento obradorista. Hubo mítines multitudinarios, pero destacó el del 30 de julio, porque fue en el que Andrés Manuel López Obrador, a falta de respuesta del IFE sobre quién había ganado la votación, declaró frente a todos sus simpatizantes, desde el Zócalo de la capital:

> Les propongo que nos quedemos aquí, en asamblea permanente hasta que resuelva el Tribunal. Les propongo que permanezcamos aquí, día y noche, hasta que se cuenten los votos y tengamos un presidente electo con la legalidad mínima que nos merecemos los mexicanos. Les aseguro que no será en vano nuestro esfuerzo y sacrificio.[3]

Paseo de la Reforma, además del Zócalo, fue tomado ese mismo día por quienes apoyaban a López Obrador y exigían al Tribunal Electoral el famoso reconteo «Voto por voto, casilla por casilla». Agosto en CDMX suele ser uno de los meses con más lluvias, así que la hazaña de permanecer ahí fue un mérito de perseverancia, resistencia y, a la postre, un poderoso indicativo del apoyo a la causa del tabasqueño.

El 5 de septiembre el IFE declaró ganador a Felipe Calderón, lo cual derivó en más protestas. Fue hasta el 15 de septiembre, con el Grito de Independencia que dio López Obrador en el Zócalo de la capital, cuando el bloqueo se levantó.

Sheinbaum recuerda en su documental las tensiones por las que pasó el movimiento a lo largo de esos aciagos meses: desde la elección «hasta que se hizo el documento que fue presentado en el Tribunal Electoral y se levantó el plantón de Reforma, cuando le dieron el triunfo a Calderón; fue un momento muy difícil para el movimiento».[4]

Con la derrota oficialmente decretada, culmina el primer ciclo de la vida política profesional o de tiempo completo para Claudia. En total un sexenio como secretaria de Medio Ambiente del Gobierno de la capital del país, de 2000 a 2006. Decidió regresar a la investigación y a la academia, tras lo que parecía haber sido un paréntesis político momentáneo que había comenzado un verano, seis años antes.

Fue en un café

Las inclinaciones políticas que ella había profesado toda la vida seguramente la favorecieron, pero no fue eso lo que puso a Claudia Sheinbaum en la mira de Andrés Manuel López Obrador. Ella se había mantenido relativamente alejada de la campaña electoral de 2000 que llevó al tabasqueño a la Jefatura de Gobierno de la capital. Seguía concentrada en sus tareas académicas y sus asesorías técnicas, aunque el intenso involucramiento de su marido seguramente la tenía al tanto de todas las incidencias.

En una entrevista con Alejandro Páez y Álvaro Delgado, para Sinembargo.mx, Sheinbaum relató un encuentro decisivo con el ahora presidente:

Tras ganar la elección en el verano, el tabasqueño buscaba a alguien para la cartera de Medio Ambiente, de preferencia joven, de izquierda, y con conocimientos científicos en la materia. Consultó con su amigo José Barberán; él pensó en Claudia y, antes de cualquier acercamiento, contactó con ella y le preguntó si le interesaría conversar con el jefe de Gobierno electo.

Ella dijo que sí, y acordaron una cita.

La reunión para tomar un café fue en el mítico Sanborns de San Ángel, conocido por su arquitectura colonial; un encuentro breve, pero trascendental para la historia del país.

Tomaron asiento en una de las mesas de madera oscura, rodeados de los blancos arcos coloniales del lugar. Pidieron café, y Claudia recordaría años después con una mezcla de nostalgia y asombro que el propio López Obrador se encargó de pagar la cuenta.

La reunión duró alrededor de 15 minutos. López Obrador habría hablado con la pasión que lo caracteriza sobre su visión para la capital de México, sus planes para transformar la ciudad y combatir las desigualdades sociales. Claudia, por su parte, habría compartido sus experiencias en el ámbito académico y científico, donde había hecho contribuciones significativas, especialmente en el área de la sustentabilidad y el medio ambiente. Quizá le habrá comentado sobre su formación política desde niña, su interés en la política de izquierda, sus participaciones en la huelga de la UNAM, las proclamas que hizo desde EUA, su latente interés en el desarrollo sustentable de la vida de las personas.

Probablemente no ocurrió nada de eso. No se necesitaba. Lo que sabemos es que a López Obrador le bastaron un café y 15 minutos para ver en Claudia a alguien con la capacidad y la determinación necesarias para hacer un cambio en materia ambiental en la ciudad que iba a gobernar.

Comenta la propia Sheinbaum sobre el encuentro:

Fue una conversación muy breve […] me llamó y me dijo: «Yo lo que quiero es que bajes la contaminación atmosférica, tú sabes cómo hacer esas cosas. La ciudad tiene un problema de contaminación atmosférica muy grave, yo de ese tema no conozco muy bien cómo se hace, pero sé que es fundamental y tú tienes reconocimiento, además te llevas con los científicos que se dedican a eso… ¿Aceptas?». Cuando le dije que sí, simplemente agregó: «Bueno, pues haz tu equipo, quiero que se incorporen estas personas que también saben de esos temas y preséntame un proyecto».[5]

Para Claudia, la decisión no debió de ser fácil. Dejar de lado su carrera en la ciencia y la academia, donde había logrado un prestigio considerable, suponía un sacrificio. Sin embargo, la posibilidad de influir directamente en las políticas públicas de un tema que la apasionaba la atrajo profundamente. Para qué otra cosa sirve la ciencia sino para intentar este tipo de cambios.

Este encuentro en el Sanborns de San Ángel fue más que una simple reunión. Fue el punto de inflexión que llevó a Claudia Sheinbaum a una carrera política que la conduciría a convertirse en la jefa de Gobierno de la Ciudad de México. En retrospectiva, esa breve cita donde los caminos del destino y la oportunidad se cruzaron de manera inesperada desencadenó la decisión que puso en marcha una trayectoria que influiría en la vida de millones de personas.

Vale la pena detenerse en Barberán no solo por haber sido el puente que vincularía a Sheinbaum con el gabinete obradorista, sino también porque, al tratarse de una persona respetada, incluso admirada por López Obrador, su recomendación terminó siendo definitiva.

Hijo de refugiados españoles, José Barberán (1946-2002) sintetiza mejor que nadie la fusión de la capacidad científica con la pasión política. Formado en la Facultad de Ciencias de la UNAM, realizó posgrados en matemáticas y geografía en Estados Unidos y fue pionero de los estudios de cambio climático en los años ochenta. Investigador durante más de 15 años en la UNAM, conoció a Claudia desde la infancia por ser amigo de sus padres y director de la tesis de su hermano. Barberán participó intensamente en el activismo político desde su juventud y a lo largo de toda su vida, desde protestas estudiantiles en alta mar hasta la oposición a la guerra de Vietnam. Es con el surgimiento del PRD y la posibilidad de una alternativa electoral de izquierda cuando realmente florece.

La capacidad matemática que había invertido para desarrollar métodos de medición de cambio climático la aplicó a los procesos políticos y electorales. En el PRD fue precursor en el uso y diseño de encuestas propias, y probablemente fue él quien despertó en López Obrador el hábito y la confianza para utilizarlas. Pero su principal aporte fue el diseño de métodos de análisis del voto, patrones de comportamiento y filtración de datos, que lo convirtieron en un verdadero experto en la detección de fraude electoral. Prueba de su influencia es su rol como representante del PRD ante el IFE en los años decisivos de 1995 a 2000, en el que ganaron dos veces la capital de México.

Físico, igual que Claudia Sheinbaum, Barberán fue también pionero de la computación en México. Su colaboración con Cuauhtémoc Cárdenas se tradujo en el libro *Radiografía del fraude: análisis de los datos oficiales del 6 de julio* (en el que también participaron Jorge Zavala y Adriana López Monjardín, esposa de Barberán). Con López Obrador en la presidencia del partido, se hizo cargo del Servicio Electoral, responsable de conducir el proceso interno para renovar la dirección nacional.

En 2000, cuando López Obrador decidió contender como candidato de la izquierda al gobierno de la capital del país —no sin resistencias de algunas figuras perredistas que habían anhelado la candidatura—, Barberán tuvo un papel determinante en la definición de una estrategia para darle cuerpo a la propuesta del tabasqueño: uno de los puntos clave fue «anclarse en la izquierda». El científico también fue clave para aficionar al candidato al uso de las encuestas como instrumento político.

Barberán siguió colaborando con López Obrador hasta 2002, año en que el primero murió aquejado de cáncer, dos años después de que López Obrador le consultara sobre algún científico que se hiciera cargo de la Secretaría del Medio Ambiente. Así, cuando el jefe del Gobierno electo recibió a Claudia Sheinbaum en el Sanborns de San Ángel unos días después de aquella consulta, tal vez la decisión ya había sido tomada, a partir del consejo de su querido y respetado amigo.

El otro encuentro

El encuentro en Sanborns no es la única versión que da cuenta del primer acercamiento entre Claudia Sheinbaum y Andrés Manuel

López Obrador. Según un texto reciente de Alejandro Almazán, quien cita a dos entrevistados, Armando Quintero y René Bejarano, hubo dos reuniones en 1999 en la casa de Claudia e Ímaz para preparar la precandidatura de López Obrador en el PRD al Gobierno de México, que en ese momento era disputada por Pablo Gómez y otros. Estos rivales pretendían derribar la candidatura del tabasqueño argumentando que no cumplía con el requisito de los cinco años previos de residencia en la capital de México que la ley exigía. La reunión era para definir una estrategia política para solventar el diferendo.

Según Quintero: «en la primera reunión solo estuvimos Andrés Manuel, Claudia, Ímaz, Bejarano, Arce y yo… tuvimos que comprometernos a no armar desmadre y jalar todos juntos. Por eso hicimos la segunda reunión: para que otros líderes garantizaran que no fuera a haber pedos».[6]

En otro pasaje, se asegura que en esas reuniones en casa de los Ímaz habían tomado refrescos y quesadillas, muy probablemente preparadas por la anfitriona.[7] La propia Sheinbaum asume que existieron tales reuniones; pero, según se acuerda, solo una habría tenido lugar en su casa.

Sin embargo, el verdadero anfitrión era Carlos Ímaz, presidente del PRD en la ciudad, directo responsable de llevar a buen puerto el proceso interno de selección de la candidatura para la capital. El posterior encumbramiento de Claudia, que en ese momento era militante, aunque en primer lugar una investigadora de la UNAM, podría provocar que en retrospectiva se estuviera magnificando su protagonismo en tales reuniones. Claudia Sheinbaum ha reiterado en numerosas ocasiones que conoció a Andrés Manuel López Obrador cuando ella era solo una «militante de base» del PRD. Sin embargo, su papel dentro del PRD iba más allá de una militancia común: su posición le permitía enterarse de primera mano de los acontecimientos que ocurrían dentro del partido.

Estos primeros encuentros podrían matizar el parteaguas que representa el encuentro en Sanborns. Antes de esta cita, Andrés

Manuel la conocía, había estado en su hogar, sabía que era, en ese entonces, la esposa del presidente capitalino del partido. Pero de nuevo, esto no descarta que, en efecto, José Barberán haya sido decisivo para que López Obrador pusiera la mirada en Claudia al integrar su Gabinete para la capital de México.

Supersecretaria de Medio Ambiente

La transición de investigadora a política tampoco debió de ser fácil. Con 38 años cumplidos, Claudia ya no era una jovencita, pero el trabajo en una secretaría era muy diferente al trabajo individual en cubículos propios de la investigación académica. Ahora dirigía una oficina con varios cientos de empleados y era responsable de un presupuesto de una magnitud inédita en su experiencia como administradora de recursos. Tampoco resultaba fácil integrarse a un gabinete en el que la mayoría de sus miembros había trabajado hombro con hombro con el jefe a lo largo de la campaña y, en algunos casos, desde varios años antes.

Sin embargo, Claudia tenía un factor a su favor: estaba a cargo de una secretaría técnica, una posición que le permitía destacar por sus credenciales profesionales y su conocimiento especializado. A diferencia de muchos cuadros políticos, que podían haberle creado un ambiente hostil por ambición, celos o el típico golpeteo político, Claudia se presentaba como una experta en su campo, lo que le otorgaba una ventaja significativa. Su formación y experiencia en la academia y la ciencia la diferenciaban claramente de otros actores políticos, quienes muchas veces carecían de la preparación técnica que ella poseía. Este hecho le permitía navegar con mayor seguridad y autoridad en un entorno que, de otro modo, podría haber sido sumamente adverso.

Además, la secretaría técnica que Claudia dirigía era un ministerio de reciente creación, lo cual jugaba a su favor. Esta nueva secretaría no formaba parte del «pastel» tradicional del poder que los políticos solían disputarse ferozmente. Al estar fuera del radar de las posiciones más codiciadas, la «secretaria técnica» no era vista como una amenaza o un objetivo de ambiciones desmedidas. Esto permitió a Claudia trabajar con mayor tranquilidad y enfoque, sin tener que lidiar constantemente con intrigas y rivalidades. En lugar de enfrentar la resistencia y los ataques típicos de los ámbitos más establecidos del poder político, Claudia pudo concentrarse en desarrollar su labor y demostrar su capacidad, estableciendo una base para su futura carrera política.

Con su sólido perfil académico, Claudia Sheinbaum, desde su rol en la Secretaría del Medio Ambiente, se enfocó en varias problemáticas ambientales críticas de la capital del país. Trabajó en la conservación del suelo y promovió prácticas agronómicas sostenibles, así como cultivos en áreas rurales de la metrópoli. Su supervisión del monitoreo de partículas contaminantes mejoró la calidad del aire en la capital. Además, desarrolló soluciones innovadoras para gestionar las inundaciones y la escasez de agua. Sheinbaum también implementó normativas ambientales para empresarios e industriales, además de dirigir proyectos de investigación y conservación botánica y zoológica, fortaleciendo el compromiso de la ciudad con la sostenibilidad.

Casi de inmediato, López Obrador detectó las habilidades y la personalidad de su secretaria de Medio Ambiente y le otorgó su confianza. En un medio en el que los cuadros hacen carrera a partir de la importancia que se dan a sí mismos, la imagen de éxito que consiguen proyectar, las amistades y alianzas tejidas, la actitud de la académica resultaba contrastante.

Directa y sucinta en sus intervenciones y poco inclinada a operar en los pasillos y antesalas de la política, Claudia Sheinbaum cumplía con responsabilidad cada tarea asumida. Su enfoque directo y conocimiento profundo le dieron una reputación de seriedad y competencia. Con el paso de los meses, quedó claro que su conocimiento iba mucho más allá del tema de la «contaminación del aire». Su interés en los tópicos ambientales urbanos le había provisto de una amplia gama de herramientas y conocimientos en asuntos como vialidad, infraestructura urbana, instalaciones industriales, movilidad y transporte.

Este amplio conocimiento le permitió abordar problemas complejos y proponer soluciones integrales que abarcaban múltiples aspectos de la gestión urbana. Claudia demostró, una y otra vez, que podía ofrecer perspectivas valiosas y bien fundamentadas en diversos temas críticos para el desarrollo de la ciudad. Esta capacidad y su consistencia profesional llevaron a López Obrador a confiarle encargos adicionales, pues veía en ella no solo a una especialista, sino a una asesora clave capaz de contribuir significativamente en su administración.

Fue así como Claudia terminó coordinando varios de los proyectos más ambiciosos del jefe de Gobierno en materia de obra pública: la construcción y puesta en marcha del Metrobús, las ciclopistas, el llamado segundo piso del Anillo Periférico o la central digital para el control de los verificentros. Además, mejoró el sistema de medición y alertas medioambientales, cuidó y expandió los pulmones verdes de la ciudad y reorganizó el Bosque de Chapultepec.

Para López Obrador, la funcionaria tenía la mejor de las virtudes: ofrecía resultados.

Los programas que fueron colocados bajo su supervisión implicaron robustas cifras de presupuesto público y formaron parte de la agenda de prioridades del jefe de Gobierno. Así, los medios comenzaron a denominarla «supersecretaria».

El Segundo Piso

Como jefe de Gobierno de la capital del país, López Obrador impulsó uno de los proyectos más complicados y, al mismo tiempo, más urgentes para la ciudad, un segundo piso para el Anillo Periférico, que databa originalmente de 1998. Un ambicioso proyecto no exento de críticas, tanto por razones políticas como por su envergadura e importancia. No era para menos, constituía una obra de alto impacto inmediato y con efectos a largo plazo.

En entrevista con Arturo Cano, la doctora relata la sucesión de hechos que llevaron a López Obrador a depositar en ella la responsabilidad de encargarse del Segundo Piso. En una reunión en la que el jefe de Gobierno comunicó a su Gabinete su intención de emprender la megaobra, ella afirma:

> Yo levanté la mano y dije: «Bueno, ya está tomada la decisión, pues hay que hacerlo científicamente». Había que hacer un modelo, no solo en términos estructurales, ya que finalmente los ingenieros [David] Serur y [José María] Riobóo tenían el conocimiento, sino a mí lo que me apuraba era el trazo, dónde iban a estar las bajadas, dónde las subidas, si eso iba a impactar en el tráfico; el tema ambiental.
>
> [...]
>
> [Luego] me llamó un día y me dijo: «Vamos a hacer un área especial para el segundo piso y quisiera que la coordinaras». Yo dije: «Bueno, pero quiero seguir siendo secretaria de Medio Ambiente». La respuesta fue: «Pues puedes con las dos tareas». Él es un hombre muy trabajador y razonablemente pide que todos los que trabajamos con él seamos así.[8]

Así, además de desempeñarse como la titular de la Secretaría de Medio Ambiente, Claudia Sheinbaum también ocupó el cargo de coordinadora técnica del Fideicomiso para el Mejoramiento de las Vías de Comunicación (Fimevic). En 2004, Rodrigo Rey Morán, el entonces director general del Fimevic, decidió reservar por diez años información crítica sobre el proyecto del Segundo Piso de la capital de México. Esta información incluía detalles sobre cuentas pendientes, ampliaciones presupuestarias, transferencias, licitaciones, expedientes de los comités técnicos y auditorías realizadas al fideicomiso, tal como se publicó en la *Gaceta Oficial del Distrito Federal*. Sin embargo, en febrero de 2005, Rey Morán emitió un acuerdo para desclasificar esta información, cuando Andrés Manuel López Obrador aún era jefe de Gobierno. Esta decisión fue vista como un intento de transparentar las operaciones relacionadas con uno de los proyectos más emblemáticos de su administración.[9]

Fueron casi cuatro años de construcción que iniciaron el 30 de septiembre de 2002, con el Distribuidor Vial San Antonio. Después se siguió con el tramo de San Antonio a San Jerónimo (norte-sur), luego con el tramo Las Flores a San Antonio (sur-norte), seguido del tramo San Jerónimo a Las Flores (sur-norte).

El domingo 23 de enero de 2005, se inauguró el Segundo Piso del Periférico. Andrés Manuel López Obrador presidió el acto rodeado de destacadas figuras de los sectores empresarial y político, y de los medios de comunicación. El grupo realizó un recorrido inaugural por la impresionante obra de infraestructura, utilizando 10 autobuses especialmente dispuestos para la ocasión. Era un acto importante: meses más tarde López Obrador dejaría el puesto para lanzarse en pos de su primera candidatura presidencial.

Aquel día, Claudia Sheinbaum destacó que la obra expandía 18 kilómetros las vialidades de la ciudad. Además, la construcción del Segundo Piso del Periférico contribuiría de manera sustancial a la reducción de la contaminación ambiental, se estimaba una disminución de emisiones de hasta 30 000 toneladas de contaminantes. Esta mejora en la movilidad también se traduciría en un ahorro económico considerable, calculado en 7.42 millones de dólares en términos de horas-hombre y combustible ahorrados.

La inversión, informó la funcionaria, había sido de 3 000 millones de pesos, y subrayó el impacto positivo que tendría esta infraestructura en la vida cotidiana de los ciudadanos. La obra beneficiaba directamente a cerca de un millón de personas, y aumentaba la velocidad de desplazamiento de los vehículos de 13 a 50 kilómetros por hora. Esto significaría reducir drásticamente el tiempo de traslado de una hora a tan solo 15 minutos, un cambio significativo en la eficiencia del transporte urbano.

Durante su gestión como secretaria, Claudia Sheinbaum Pardo lideró la construcción de la Línea 1 del Metrobús, desde diciembre de 2004 hasta junio de 2005, correspondiente al trayecto inicial desde Indios Verdes hasta Doctor Gálvez. Esta obra no solo implicó la creación de una nueva infraestructura para autobuses articulados, sino también un enfrentamiento con los concesionarios del transporte público, ya que el Metrobús remplazaría varias rutas existentes en avenida Insurgentes. Para mitigar el impacto ambiental de la construcción, se plantaron más de 5 000 árboles y alrededor de 80 000 plantas ornamentales a lo largo del recorrido.

El proyecto Ecobici sería desarrollado en el sexenio siguiente, con Marcelo Ebrard como jefe de Gobierno, pero Sheinbaum puso las bases al hacer la primera ciclovía en la antigua vía del tren México-Cuernavaca.

Durante su gestión, también impulsó la Ley de Aguas del Distrito Federal, que fue promulgada en mayo de 2003 para mejorar la distribución y consumo en la ciudad, uno de los grandes problemas históricos de la gran capital del país desde tiempos coloniales.

Impulsó labores de conservación de zonas ecológicas, y trabajó en la remodelación de los bosques de Aragón y Chapultepec, así como en reservas ecológicas comunitarias.

Sin embargo, la estabilidad de la «supersecretaria» casi tiene un revés que pudo haber significado el final de su trayectoria política: los videoescándalos donde estuvo involucrado su exesposo.

Los videoescándalos

La relación de confianza y lealtad establecida entre López Obrador y Claudia Sheinbaum en esos años puede ser cabalmente aquilatada por el hecho de que fue capaz de resistir el mayor escándalo que haya sufrido su administración: los videos de Carlos Ahumada.

El 1.º de marzo de 2004, la imagen de Gustavo Ponce, secretario de Finanzas, fue divulgada mientras apostaba en un casino de Las Vegas. Dos días después, se dieron a conocer los videos de René Bejarano, diputado perredista y jefe de una de las tribus más poderosas del movimiento, en los que se muestra cómo se embolsaba 45 000 dólares en efectivo. Carlos Ímaz entendió que sería el siguiente de la lista y se anticipó ofreciendo una entrevista a Carmen Aristegui el 4 de marzo. Afirmó que también él había recibido aportaciones del empresario Carlos Ahumada, que fueron utilizadas para financiar las brigadas de cazamapaches, así como gastos de campaña de varios candidatos. Añadió que tales aportaciones habían sido realizadas sin condiciones, pero que más tarde Ahumada había exigido contratos de obra pública y control de varias oficinas para sus allegados, a lo cual el funcionario se había negado. Tres días más tarde, se divulgó el video en el que Ímaz recibía de Ahumada 350 000 pesos en efectivo. Una semana después, el 15 de marzo, pidió licencia para separarse del cargo como delegado de Tlalpan.

La historia de este escándalo es compleja y escapa a los límites de este texto. Para lo que nos ocupa, señalemos que constituyó un tsunami dentro del perredismo de la capital y se llevó entre sus aguas al menos a tres figuras preeminentes: Rosario Robles, quien presumiblemente mantenía una relación amorosa con Carlos Ahumada y había sido jefa de Gobierno interina cuando Cuauhtémoc Cárdenas se dedicó a su candidatura presidencial; René Bejarano, y el propio Ímaz.

Las implicaciones jurídicas para Carlos Ímaz serían largas y se convirtieron en la principal de sus ocupaciones los siguientes meses. En agosto, un juez lo declaró culpable de un delito electoral y lo sentenció a tres años y seis meses de cárcel, aunque al no superar el límite de cinco años de prisión, se conmutó por una multa de 100 000 pesos. Ímaz apeló la sentencia y en diciembre consiguió que el Tribunal Superior de Justicia del Distrito Federal lo exonerara de los cargos. A diferencia de Bejarano, nunca pisó la prisión.

Sin embargo, al margen de lo jurídico, su carrera política terminó de cuajo. No regresó a la delegación Tlalpan, aunque tampoco renunció al PRD ni prosperaron algunos intentos promovidos por antiguos rivales para expulsarlo del partido. Su eclipse obedeció, en primer término, a su propia decisión de «exiliarse» refugiándose en la UNAM para retomar de tiempo completo sus tareas como profesor investigador mientras pasaba la tormenta. En su caso, nunca sucedió. El partido prefirió ignorar los tibios esfuerzos que Ímaz realizó para regresar, sobre todo en 2006, al intentar participar en la organización de las protestas contra el presunto fraude electoral. Los nombres de Ímaz o Bejarano, al margen de lo que dijeran los tribunales, eran para el prd un doloroso recuerdo de uno de sus mayores escándalos; el partido prefirió no invocarlos. El profesor no regresó a la política activa. A lo largo de los siguientes años, publicó media docena de libros sobre distintos pasajes de la historia política de la izquierda en América Latina. Hoy vive semirretirado en Cuernavaca.

Sheinbaum rehusó toda declaración pública a lo largo de estos acontecimientos, y después ha sido igual de parca para hablar al respecto. Recientemente, en el libro *El rey del cash*, de Elena Chávez, alguna vez esposa de César Yáñez, cercano colaborador de López Obrador, se afirma que, al hacerse público el video de Bejarano, el entonces jefe de Gobierno llamó a su gabinete y preguntó si sabían de alguien más que hubiera visitado al empresario. «La voz de una mujer se escuchó en el grupo, era Claudia Sheinbaum, confesando que su esposo, Carlos Ímaz, entonces delegado de Tlalpan, también había visitado a Carlos Ahumada», escribe Chávez, y añade que esa noche se dieron a conocer las imágenes de Ímaz recibiendo el dinero.[10] Imposible confirmar la escena, porque la autora no estuvo presente y lo refiere presuntamente de oídas.

Claudia Sheinbaum ha precisado que ese pasaje es una mera invención.[11] En todo caso, la secuencia de hechos es incorrecta, porque la exhibición del video sucedió varios días después de la propia aparición pública de Ímaz confesando su involucramiento; la supuesta reunión del presidente y su gabinete tendría que haber ocurrido cinco días antes.

Al margen de la argumentación jurídica de la defensa de Ímaz, en términos políticos y hacia los suyos, él siempre sostuvo que el dinero recogido no fue resultado de negociaciones vergonzosas, sino en calidad de donaciones privadas, que siempre fue entregado a diversas causas del partido y que nunca fue utilizado en favor de su propio peculio. Más allá de las divergencias que hayan tenido al respecto, y del infierno que debió significar para la vida familiar durante esos meses, el matrimonio continuó 12 años más.

Lo cierto es que en términos políticos Claudia Sheinbaum logró mantenerse al margen de esa tormenta y, lo más importante, su cercanía con López Obrador no se vio afectada, a pesar del deseo evidente del jefe de Gobierno de tomar distancia de todos los involucrados en este asunto.

Un par de días después de la divulgación del video de Carlos Ímaz, Claudia Sheinbaum, devastada por el escándalo, solicitó una reunión con el jefe de Gobierno, Andrés Manuel López Obrador. Según relata Arturo Cano, Sheinbaum le presentó su renuncia, argumentando que la situación la comprometía.[12] Sin embargo, López Obrador le aseguró que no tenía motivo para renunciar y la acogió en uno de los espacios de su oficina, brindándole un apoyo emocional crucial en ese momento difícil.

El peso de los videoescándalos se fue diluyendo con el correr del tiempo, y el desafuero a López Obrador terminó por fortalecer su candidatura para 2006. Claudia Sheinbaum dejó su cargo en la Secretaría del Medio Ambiente para irse a la campaña de López

Obrador, en una posición de primera fila. Tras una reunión en la que Manuel Camacho, Ignacio Marván y otros le presentaron datos que no coincidían, López Obrador la nombró vocera de la campaña.

La derrota de 2006

El 29 de julio de 2005, Andrés Manuel López Obrador pidió licencia de la Jefatura de Gobierno de la capital para dedicarse de tiempo completo a la precandidatura presidencial, casi un año antes de las elecciones. En un primer momento, lo acompañó un grupo mínimo de colaboradores, al que se irían sumando poco a poco otros miembros. No fue el caso de Claudia, quien mantuvo sus responsabilidades casi hasta el final, bajo la gestión de Alejandro Encinas, relevo del tabasqueño en la Jefatura de Gobierno.

Ella solicitó licencia el 15 de mayo de 2006, unas semanas antes de los comicios. Su tardía incorporación al equipo de campaña obedeció al hecho de que varias de las asignaturas especiales recibidas de parte de López Obrador se encontraban en proceso.

De manera formal, se incorporó a la vocería del candidato días antes de las elecciones y se integró al círculo que lo rodeaba. Tras la derrota en la jornada electoral, Sheinbaum participó activamente en la jornada de los siguientes meses, incluyendo el paro de Paseo de la Reforma. En diciembre, formó parte del gabinete del «gobierno legítimo» de López Obrador en calidad de titular de la Secretaría de Defensa del Patrimonio Nacional; en teoría, el ministerio responsable de temas ambientales y protección del patrimonio. Pese a todo, en los siguientes meses, los lopezobradoristas entendieron que, por el momento, la aventura presidencial había terminado y Claudia volvió a su vida académica. El «exilio» duró nueve años.

9

REGRESO A LA INVESTIGACIÓN

Después de la derrota electoral oficial de 2006, Claudia regresó a sus actividades académicas, pero sin abandonar del todo la acción política al lado de López Obrador Sin embargo, Claudia tomó una decisión notablemente distinta respecto a la mayoría de sus colegas. Mientras muchos de ellos optaron por asumir roles en el partido político, integrarse en la estructura del Gobierno del Distrito Federal encabezado por Marcelo Ebrard o involucrarse en el Poder Legislativo, Claudia decidió dedicarse nuevamente a sus actividades académicas y universitarias. Esta elección confirmó su vocación original, la educación y la investigación, áreas donde había destacado previamente con contribuciones significativas.

Mientras en el país comenzaba la espiral de violencia que ya no se detendría durante el gobierno de Calderón, ella se concentró en la investigación sobre el medio ambiente. Llama la atención que no estuviera interesada en ocupar alguna posición en el Poder Legislativo. Su cercana relación con el líder nacional y la fuerza del PRD le habrían permitido ser senadora o diputada federal, de haberlo querido. Muchos de sus compañeros de partido encontraron en este espacio el limbo perfecto para esperar tiempos mejores.

Su decisión tuvo que ver con dos factores: por un lado, la carrera previa que ella había construido y la pasión por los temas ambientales; por otro lado, su aversión a la política asociada a la grilla. Lo que a ella le atraía era la administración pública y el diseño y puesta en marcha de proyectos públicos, no los laberintos parlamentarios.

En el documental *Claudia*, ella misma cuenta esta etapa de su vida:

> Cuando salgo del gobierno y me voy de vocera del entonces candidato Andrés Manuel López Obrador, hablo con el entonces rector de la UNAM, Juan Ramón de la Fuente, porque yo tenía un permiso de la UNAM. Y es que yo seguía dedicando un tiempo a la investigación y todavía tenía alumnos haciendo tesis mientras fui secretaria, y entonces regresé a la UNAM formalmente a retomar mis actividades académicas y fue difícil porque fue un cambio de vida y, además, después de todo lo que habíamos vivido. Y entonces decidí hacer un libro, que se llama *Problemática ambiental de la Ciudad de México* y así me fui involucrando nuevamente en el trabajo académico, pero al mismo tiempo seguía cerca de Andrés Manuel López Obrador.

En 2008, por ejemplo, tuvo un papel destacado en la organización de los debates sobre la propuesta de reforma energética de Felipe Calderón, así como en las protestas, en las que encabezó al grupo de mujeres conocidas como las «Adelitas». Al respecto, el propio Andrés Manuel López Obrador escribe lo siguiente:

> El 18 de marzo de 2008 conmemoramos el 70 aniversario de la expropiación petrolera con el Zócalo lleno. En este marco se dio a conocer la integración de los 32 comités estatales en defensa del petróleo. Claudia Sheinbaum anunció que se constituirían brigadas de mujeres con ese propósito, las cuales decidieron llamarse Adelitas en homenaje a las mujeres que pelearon en la Revolución Mexicana. Se convocó a una nueva asamblea en el Zócalo siete días después, en plena Semana Santa. Para entonces, teníamos información sobre el hecho de que estaban por presentar las reformas privatizadoras, por lo cual el trabajo de organización del movimiento se intensificó. A pesar de que todavía no se conocían las propuestas de reforma de

Calderón, en ese acto expusimos nuestros argumentos para oponernos a la privatización de la industria petrolera.

Dimos cinco razones:

La primera era la defensa de nuestra soberanía nacional. [...] La segunda razón [...] consistía en que sería una alevosa violación a nuestra Constitución Política. [...] La tercera razón era que detrás de los afanes privatizadores estaba el interés de lucro de un grupo de traficantes de influencias y de políticos corruptos para hacer jugosos negocios privados al amparo del poder público. [...] Otra razón fundamental [...] es que nos quedaríamos sin la posibilidad de desarrollar el país en beneficio de la mayoría de los mexicanos. [...] Por último, argumentamos que nos oponíamos a la privatización porque queríamos vivir en paz, y sabíamos que la paz es fruto de la justicia.[1]

Luis Linares Zapata —hoy integrante de la Comisión Reguladora de Energía— estuvo en primera fila de aquella defensa del petróleo en contra de Felipe Calderón. Sobre el papel de Claudia Sheinbaum en ese momento decisivo, él mismo cuenta lo siguiente:

Fue la encargada de organizar ese debate. A ella le dieron la encomienda de negociar con el Senado [...]. Había juntas de los «importantes», y en ellas estaban los dirigentes del PRD, Dante Delgado, Gerardo Fernández Noroña y alguna que otra persona. Claudia y yo estábamos en la puerta, oyendo, porque no éramos invitados. Fueron varias reuniones, hasta que Andrés nos dijo que nos metiéramos. [...]

Claudia es una extraordinaria organizadora. Ella estaba a cargo de las manifestaciones, juntaba 2 mil o 3 mil mujeres. Se ponían en un espacio que teníamos ahí cerca del Senado y a llamar a la gente, y lograba que acudieran. Y mira que lo hicimos, pues, 40 veces, ella lo hizo.

Así que no nada más es buena organizadora, sino que conoce la base política de la ciudad. Eso es parte de sus méritos con Andrés, porque obviamente es una mujer que sabe hacer política de base. A Claudia la respeta mucho y obviamente no solo es un sentimiento personal, sino es un reconocimiento a su capacidad y a su honestidad.[2]

Su sabático político, siempre acreditada como investigadora en el Instituto de Ingeniería de la UNAM, se vio brevemente interrumpido por las tareas paralelas que realizó en apoyo al segundo intento de López Obrador para llegar a la presidencia. A pesar de que formaba parte del gabinete anunciado en caso de conquistar el poder en 2012, ocupando la Secretaría de Medio Ambiente y Recursos Naturales (Semarnat), los obradoristas entendían que sus posibilidades eran escasas. Y en efecto, lo fueron. Tras el triunfo electoral de Enrique Peña Nieto (2012-2018), todos ellos regresaron a lo que estaban haciendo.

Cambio climático y Premio Nobel

Entre 2007 y 2015, años dedicados esencialmente a la academia y a la consultoría de temas ambientales, las actividades de Claudia Sheinbaum son relevantes. Fue consultora del Banco Mundial y del Programa de las Naciones Unidas para el Desarrollo (PNUD). Formó parte del Consejo Económico y Social de la ONU, a través de su Comité de Políticas de Desarrollo.

Ella buscó retomar la investigación y la producción científica donde las había dejado. Ahora tenía la ventaja de haber gozado de una enorme exposición institucional y de la red de relaciones y reputación que ello supone. Sus temas no cambiaron, pero sí el alcance de sus colaboraciones y asesorías.

Se unió al Grupo Intergubernamental de Expertos sobre el Cambio Climático (IPCC, por sus siglas en inglés), un grupo de especialistas internacionales que desde 1988 operaban bajo la cobertura de la Organización de las Naciones Unidas (ONU), donde fue la responsable de liderar la evaluación de los impactos del cambio climático en los ecosistemas, la agricultura, la salud humana y las infraestructuras. En el año de 2007, el IPCC fue reconocido con el Premio Nobel de la Paz por «sus esfuerzos para acumular y difundir un mayor conocimiento sobre el cambio climático provocado por el hombre, y sentar las bases de las medidas necesarias para contrarrestar ese cambio». El premio de ese año fue compartido con Al Gore, exvicepresidente de los Estados Unidos, por sus contribuciones a la lucha contra el calentamiento global.

De 2002 a 2007, Claudia Sheinbaum tuvo un papel destacado en el IPCC, periodo durante el cual contribuyó significativamente a la elaboración del Cuarto Informe de Evaluación, publicado en 2007. Este informe fue reconocido por el Comité Noruego del Nobel por su notable aporte en «aumentar el conocimiento sobre los cambios climáticos antropogénicos, sus causas y posibles consecuencias». Específicamente, Sheinbaum participó activamente en el capítulo 7, con el grupo de trabajo #3, titulado «Mitigación del cambio climático». En este capítulo crucial, evaluó detalladamente los efectos del cambio climático en diversos aspectos clave, incluyendo los ecosistemas naturales, la agricultura, la salud humana y las infraestructuras vitales.

El Cuarto Informe de Evaluación del IPCC fue un esfuerzo colectivo que involucró a más de 600 expertos de 40 países diferentes, entre ellos a Sheinbaum. Su contribución en este prestigioso organismo internacional es un referente del nivel que alcanzó la hoy presidenta entre la élite científica mundial sobre estos temas.

En palabras de Claudia:

Fue una sorpresa porque yo estaba haciendo el Segundo Piso, entre ser madre y las tareas de mi casa, era secretaria de Medio Ambiente, y aparte las tareas académicas y ser parte del panel. Me costó mucho trabajo seguir siendo parte y, cuando finalmente sale el Nobel, dije qué bueno que no dejé.[3]

Sin embargo, esto no significa que sea correcta la afirmación de que Sheinbaum es ganadora del galardón que se entrega todos los años en Suecia.

El panel precisó en un comunicado que el premio fue «concedido al IPCC como organización y no a ninguna persona asociada al IPCC», por lo que es incorrecto referirse a cualquier funcionario del panel o científico que participó en los informes como un premio nobel o ganador del Premio Nobel.

«Sería correcto describir a un científico que participó en el AR4 o en informes anteriores del IPCC de esta manera: "X contribuyó a los informes del IPCC, que fue galardonado con el Premio Nobel de la Paz en 2007"», se especificó en un artículo.[4]

El IPCC reveló en el mismo comunicado que envió certificados en los que figura una copia del diploma del Premio Nobel de la Paz a autores principales, personal de alto nivel, revisores, miembros de la mesa, entre otros. Esto significa que los autores contribuyentes —incluida Sheinbaum— no recibieron un diploma del Premio Nobel.

Hasta la fecha, solo tres mexicanos han obtenido esta distinción: Alfonso García Robles junto a la científica sueca Alva Reimer Myrdal recibieron en 1982 el Premio Nobel de la Paz; Octavio Paz, el Premio Nobel de Literatura en 1990, y José Mario Molina junto con el estadounidense Frank Sherwood y el holandés Paul Crutzen recibieron el Premio Nobel de Química en 1995.[5]

La experta

Ya en la segunda mitad de 1990, su *expertise* sería reconocida en ámbitos profesionales y trascendería los muros universitarios y estrictamente académicos. Comenzó a ser invitada a participar en paneles de organismos nacionales e internacionales. En 1995, fue asesora de la Comisión Nacional para el Ahorro de Energía; el siguiente año fue asesora de la Gerencia de Estudios de la CFE. Como parte de una colaboración con el Programa de las Naciones Unidas para el Desarrollo, en 1996, fue asesora en la elaboración del plan de acción climática en Honduras. En los últimos años, antes de que su vida diera un giro definitivo hacia la administración pública, Sheinbaum se había especializado en la elaboración de metodologías para definir modelos de emisión y consumo de energías en situaciones concretas, sobre todo en el caso del Valle de México. El equipo en el que participó fue decisivo para la adopción de las metodologías que seguirían las autoridades de la ciudad para la medición de la contaminación, los sistemas de alerta y las medidas de contingencia; en ese momento nadie habría adivinado que la experta en fórmulas y modelos gráficos se convertiría, años más tarde, en la responsable de llevarlas a cabo.

En *Claudia: el documental*, ella misma cuenta lo siguiente:

> Una no llega al poder por el poder, esto no es un asunto personal, una tiene que seguir siendo una persona sencilla […]. Gobernar es servir a la gente y es poner en práctica el conocimiento y el plan a partir del cual te eligieron y esos compromisos tienen que ver con una concepción que tú tienes de la igualdad, de justicia, pero al mismo tiempo de mejora del medio ambiente, de equidad. Gobernar es tomar decisiones y asumir las presiones que se pueden generar a partir de esa decisión que se está tomando.[6]

Para Claudia Sheinbaum, pensar en el cuidado del medio ambiente es una forma optimista de pensar en el futuro de ciudadanas y ciudadanos. Claro que, para que las cosas sucedan, se necesita de «la política buena, no la tradicional que conocemos todos. La política me interesa como un instrumento de transformación»,[7] dijo Claudia en una entrevista realizada para una publicación de la UNAM. Como secretaria de Medio Ambiente del Gobierno del Distrito Federal, supervisó temas como la calidad del aire, suelo de conservación, verificación, educación ambiental y zoológicos. Durante su administración se logró «reducir la concentración de contaminantes en un 35% en el aire de la ciudad de México, y [...] el crecimiento de la mancha urbana. [Y] se hicieron proyectos muy novedosos, como reservas campesinas comunitarias».

Y continúa:

En puestos políticos que tengan que ver con áreas del medioambiente, es indispensable que sea un académico el titular o, por lo menos, alguien que sepa rodearse de personas especialistas en estos temas. Tú no puedes pensar que vas a resolver estos problemas medioambientales sin ayuda de la ciencia o la tecnología. También se requieren políticas públicas, claro está, pero no se puede planear si no tienes el conocimiento.

Lo mejor como servidora es que logré establecer un equipo de trabajo en el que, en conjunto, conseguimos alcanzar varias metas. En contraparte, el tema en el que nos hizo falta mayores resultados fue el del agua, pues a mitad del sexenio este «asunto» pasó a nuestra secretaría; antes estaba en obras, y ya tuvimos poco tiempo para trabajar bien en esta parte.[8]

En dicha publicación también contó que sus trabajos de investigación se estuvieron enfocando en energía y cambio climático, específicamente en las causas y posibles mitigaciones: los gases de efecto invernadero provenientes de la quema de hidrocarburos y las formas de reducir su impacto. Para ello fue creado el Inventario de Emisiones de Gases de Efecto Invernadero que trabaja a nivel nacional.[9]

En aquella entrevista de 2010 para el Instituto de Ingeniería de la UNAM, Claudia establecía el complejo diagnóstico que afrontamos en materia ambiental:

Platicando un poco sobre la problemática del cambio climático, las cosas no andan por buen camino. Mencionemos un solo caso: en términos generales, México no está bien en transporte. El crecimiento en consumos de gasolina y diésel es exponencial, lo cual no es bueno, pues la emisión de CO_2 está asociado con la quema de estos combustibles, y por más que uno le coloque filtros o dispositivos, como convertidores catalíticos, no es posible disminuirlo, pues la emisión de CO_2 está asociada con el contenido de carbono en el combustible. Una orientación es hacer más eficiente el vehículo, pero por desgracia en México está pasando lo que ocurre en otros países: se venden más camionetas que vehículos compactos. Las camionetas grandes «te dan estatus», pero generan hasta 3 veces más contaminantes. A nivel mundial, lo que nos dicen los escenarios internacionales es que, si el consumo de energía sigue creciendo a los ritmos a los que está creciendo ahora, vamos a llegar a límites donde la temperatura se elevará en 6 grados centígrados durante este siglo. ¿Qué se debe hacer? Pues se requiere un acuerdo para que el consumo de energía para el año 2050 sea al menos 50% del consumo de energía actual. Para esto se requieren tecnologías eficientes, sustitución de combustibles y utilización de fuentes renovables de energía. Siendo objetivos, en México hay muy buenas intenciones, pero a la hora de la hora no pasa mucho. No se han diseñado políticas ni mecanismos para reducir el consumo de energía que ya estaba estipulado para estos últimos años en el Programa Especial de Cambio Climático. Queda mucho trabajo por hacer.[10]

Años después, en noviembre de 2018 como jefa de Gobierno de la CDMX, Claudia Sheinbaum regresó a la Universidad de California, campus Berkeley, donde hizo su investigación doctoral, como parte de una visita al área de la bahía para aprender sobre prácticas de sostenibilidad urbana.

Se puede leer lo siguiente en una nota del Berkeley Lab:

> La Dra. Sheinbaum pasó cuatro años en el Laboratorio (1991-1994) analizando el consumo de energía en México y otros países industrializados. Ella y Lynn Price, científica Laboratorio, fueron las autoras principales del capítulo dedicado a la industria, el cual forma parte de la contribución del Grupo de Trabajo III (Mitigación) al Cuarto y Quinto Informe de Evaluación del Grupo Intergubernamental de Expertos sobre el Cambio Climático (IPCC). Durante su visita, la Dra. Sheinbaum recibió un reconocimiento de manos del subdirector de Investigación del Laboratorio, Horst Simon, por aportar soluciones científicas a los problemas de México y por formar a nuevas generaciones de investigadores.[11]

Esta visita destinada a profundizar un tema de sustentabilidad, ya siendo «alcalde» de una de las mayores metrópolis del mundo, da cuenta de la peculiar mezcla que representa Claudia Sheinbaum como funcionaria pública, dirigente política y medioambientalista profesional. La conciencia de su responsabilidad respecto al bienestar de la población, que a su vez pasa en gran medida por el cuidado del medio ambiente en el que vivimos, algo no precisamente frecuente entre los miembros de la clase política.

10

DEL LABORATORIO A TLALPAN

Después de la derrota de 2006, Andrés Manuel López Obrador y su grupo más cercano decidieron continuar su camino político, pero se fue fraguando la idea de hacerlo de manera independiente del histórico PRD. Morena había nacido como una corriente al interior de este partido desde 2011, pero fueron los comicios de 2012 los que terminaron por convencerlos de caminar de manera independiente y al margen de otros liderazgos que impedían perfilar una propuesta propiamente obradorista. Más allá de «estafas maestras» y acuerdos vergonzosos entre PRI y PAN para facilitar sus alternancias, el hecho es que seis años después del fraude tampoco se había podido conquistar el poder. Enrique Peña Nieto fue elegido presidente con 38.21% de los votos, porcentaje superior al de Andrés Manuel López Obrador, que obtuvo 31.59%, y al de la panista Josefina Vázquez Mota, que consiguió 25.41 por ciento.

Escribe el propio AMLO, que entonces inició la construcción, «desde abajo y con la gente», del Movimiento de Regeneración Nacional, Morena:

A la par de este proceso organizativo, con acciones de resistencia civil pacífica, defendimos el petróleo, los derechos sociales y la economía popular. Con esa finalidad recorrimos de palmo a palmo el territorio nacional; muchas mujeres y hombres libres y conscientes se entregaron con pasión a la difícil pero indispensable tarea de organizar al pueblo para renovar al país.

[…]

El día 2 de octubre de 2011, en el Auditorio Nacional de la Ciudad de México, se constituyó Morena como asociación civil y se conformaron los órganos de dirección del movimiento, su Comité Ejecutivo y el Consejo Consultivo. Se definió también que tras las elecciones presidenciales de julio del 2012 se celebrarían asambleas democráticas para decidir sobre el futuro de la organización y se convocó a un Congreso Nacional para el mes de noviembre de ese mismo año.[1]

Morena se constituyó con un programa y una declaración de principios elaborada por un grupo de intelectuales y especialistas. Claudia Sheinbaum, por supuesto, figura en aquella acta constitutiva. Había nacido propiamente el obradorismo, desprendido ya de las fuerzas políticas que sobrevivían en el PRD, más proclives a la negociación con los intereses del sistema. Una vez separadas las dos corrientes, lo que quedó en el PRD pronto hizo alianza con el PRI.

Después del acto constitutivo de Morena como asociación civil, López Obrador consideró esencial mejorar la comunicación con empresarios, clases medias y universitarios. Entre otras cosas, viajó al extranjero para informar a los migrantes mexicanos y participar en eventos académicos en Estados Unidos y España.[2]

Morena estaba en proceso de convertirse en partido político, y López Obrador eligió el 20 de noviembre de 2013, una fecha histórica, para formalizar su plan tras la derrota electoral reciente. Durante la asamblea en el deportivo Plan Sexenal de la Ciudad de México, cedió su lugar en la mesa a Claudia Sheinbaum, lo que para muchos fue un acto simbólico y, visto en retrospectiva, premonitorio.

Ese día se formalizó la creación de un nuevo partido. Morena certificó su Asamblea Nacional Constitutiva ante el IFE en enero de 2014. Desde que se consolidó como partido, también lo hizo la cercanía entre López Obrador y Sheinbaum, cuya figura política, a su lado, adquirió más peso.

La confianza de López Obrador en Claudia Sheinbaum se había forjado a lo largo del tiempo, desde que la convocó para su Gabinete en el Gobierno del Distrito Federal. En este contexto, Sheinbaum demostró su capacidad y compromiso, y se ganó un lugar destacado en el equipo de López Obrador. Su trayectoria y dedicación se convirtieron en pilares fundamentales para la creación y consolidación de Morena, un partido que surgió con la misión de transformar la vida pública de México y responder a las demandas de un electorado que buscaba un cambio real en la política nacional.

El camino a Tlalpan

De nuevo, Claudia Sheinbaum se involucró de lleno en el movimiento que encabezaba López Obrador. Así lo cuenta en *Claudia: el documental*:

> Iniciamos tocando casa por casa: «Venimos de parte del licenciado López Obrador». «Ah, adelante». «Oiga, ¿usted sabe que López Obrador ya no está en el PRD, que ahora está en otro partido político que se llama Morena? Mucho gusto, me llamo Claudia Sheinbaum, soy profesora de la UNAM, pero ahora estamos en Morena…». Le dimos dos vueltas a la delegación caminando y acabamos con un movimiento muy grande y ganando la alcaldía […].
>
> En el 2015, lo fui a ver [a Andrés Manuel] y le dije creo que ahora sí quiero juntarme para ser jefa delegacional en Tlalpan. «Y ¿por qué ahora sí?», me pregunta. «Vivo en Tlalpan hace 30 años, y porque además ahora es el momento difícil, tenemos que sacar la votación para que Morena sea partido político y llevarte a la presidencia en 2018».[3]

Así fue como Sheinbaum fue elegida para encabezar la disputa en las elecciones por la delegación que siempre había sido su hogar y barrio, la delegación en la que había crecido y recorrido sus calles con su Volkswagen y con sus hijos: Tlalpan.

El 7 de junio de 2015, Morena obtuvo cinco de las 16 delegaciones, entre ellas la de Claudia, quien una vez más debió hacer un paréntesis en el universo paralelo de la investigación y la asesoría científica.

Si Claudia conocía como la palma de su mano un lugar de la CDMX, era la delegación donde había crecido y vivido prácticamente toda su vida, la misma delegación de la cual Ímaz, quien en esa época seguía siendo su esposo, había sido alcalde 10 años antes.

Estuvo en el cargo poco más de dos años únicamente, de octubre de 2015 a diciembre de 2017, porque pediría licencia para postularse a la Jefatura de Gobierno de la Ciudad de México. No obstante, fue suficiente para mostrar sus dotes para la administración pública. Logró que su delegación fuera la que mayor presupuesto destinara a programas sociales y obras de infraestructura, «gracias a la austeridad y la disciplina en el gasto». En ese mismo periodo, Sheinbaum inició las audiencias públicas (tres días a la semana, de seis a ocho de la mañana) que más tarde sostendría como jefa de Gobierno, para mantener el contacto con las y los ciudadanos de la capital. También impulsó políticas contra la violencia de género, invirtió en la protección del suelo de conservación en Milpa Alta y Xochimilco, y en el sistema de agua.

El sismo

Aunque breve, su etapa al frente de Tlalpan resultó flagelado por la tragedia que marcó a los habitantes hacia el final de su mandato: el temblor del 19 de septiembre de 2017.

Ese terrible día, a las 13:14 h, la CDMX fue sacudida por un sismo de magnitud 7.1 en la escala de Richter con epicentro a 8 kilómetros al noreste de Chiautla de Tapia, Puebla. Según el Cenapred los estragos económicos ascendieron a una cifra en 62 000 millones de pesos, pero las grandes pérdidas ocurrieron en el terreno humano: 228 personas fallecieron en la capital del país y 276 en estados aledaños.[4] Una de las peores tragedias ocurrió en Tlalpan, en la colonia Nueva Oriental Coapa, cuando el Colegio Enrique Rébsamen se derrumbó y terminó con la vida de 26 personas, 19 de ellas menores de edad. Claudia Sheinbaum se movilizó de inmediato al lugar.

Un año antes, el Instituto de Verificación Administrativa, perteneciente al Gobierno de la Ciudad de México, no a la delegación Tlalpan, dictaminó que el edificio sobrepasaba el número de niveles autorizados y el expediente mostraba falsos documentos inexactos, aunque el edificio siguió operando. Los dictámenes posteriores determinaron que la tragedia, justamente, fue provocada por las fallas estructurales detectadas en aquella revisión. Aunque la responsabilidad en buena medida habría caído en las espaldas de las autoridades de la ciudad, el ataque mediático se centró sobre la delegada que ahora se postulaba a la Jefatura de Gobierno. El golpeteo comenzó desde la precampaña, cuando en la disputa por la candidatura de Morena el fuego amigo también mediatizó el asunto.

Varios edificios de la ciudad colapsaron en barrios considerados de clase media alta, como la Condesa y la Roma Norte. Al igual que lo que sucedió con el terremoto de 1985, en cuanto sucedió el temblor, la ciudadanía se unió y participó en iniciativas bastante bien articuladas, a pesar de su escasa preparación para crisis de esta naturaleza. Miles de ciudadanos se movilizaron con fervor heroico, llevando a cabo tareas de rescate, repartiendo alimentos y medicamentos, y brindando apoyo en medio del caos.

En Tlalpan, la tragedia del Colegio Rébsamen se convirtió en un escenario mediático de proporciones épicas, especialmente debido al intento de rescate de una niña supuestamente llamada Frida Sofía. Este evento mantuvo en vilo a los televidentes durante casi 24 horas, con el país entero aferrándose a la esperanza de un milagro. Las cámaras capturaron cada momento, las redes sociales se inundaron de mensajes de aliento, y una nación entera observó con el corazón en la garganta. Finalmente, las autoridades confirmaron que no existía tal Frida Sofía, desvaneciendo la ilusión que había sostenido a muchos durante esas largas horas. Sin embargo, este episodio no fue en vano. Durante casi un día entero, el rescate de la supuesta alumna del Rébsamen se convirtió en un símbolo de esperanza y unidad, un faro de luz en medio de la devastadora tragedia que azotaba al país, y especialmente a la Ciudad de México. A pesar de que la historia de Frida Sofía terminó en la nada, el espíritu de solidaridad y la incansable lucha de los rescatistas quedaron grabados en la memoria colectiva, como un momento de fortaleza y resiliencia de los ciudadanos.

A principios de 2023, ya en su cargo como jefa de Gobierno de la Ciudad de México, Claudia Sheinbaum ofreció una disculpa pública a las víctimas del Colegio Rébsamen y a sus familiares. Este acto de reconciliación y reconocimiento tuvo lugar durante la inauguración de un memorial ubicado en la Alameda Sur, cuyo diseño fue decidido por los deudos en honor a las víctimas.

En su discurso, Sheinbaum expresó: «Estoy aquí para ofrecer, como representante del Gobierno de la Ciudad de México, una sincera, sentida y profunda disculpa pública a las víctimas y sus familiares por la irreparable pérdida derivada del colapso del Colegio Rébsamen durante el sismo del 19 de septiembre de 2017».

Durante la ceremonia, Sheinbaum recordó que, en su anterior rol como jefa delegacional de Tlalpan, había entregado documentación que probaba las irregularidades cometidas por la dueña del inmueble, así como por los directores de obra y varios servidores públicos. En un mensaje dirigido a las familias afectadas, añadió: «Como mujer, madre e hija, sé que no hay palabras que aminoren la ausencia y brinden el consuelo necesario». Con este acto y esa declaración, Sheinbaum expresaba el duro desafío que representó abordar una tragedia que la conmovió como ser humano y, al mismo tiempo, devino en crisis mediática alimentada por la guerra electoral que se aproximaba.

11

EL CAMINO A LA JEFATURA DE GOBIERNO

Algunas fuentes señalan que, a mediados de su gestión en Tlalpan, Claudia comenzó a pensar seriamente en terminar sus tareas públicas y regresar a la academia. Eran momentos de replanteamiento de su vida personal y familiar, entre otras cosas, porque su matrimonio con Ímaz llegaba su fin. Se divorciaron formalmente en 2016.

La posibilidad de competir por la Jefatura de la Ciudad de México, elección que tendría lugar en 2018, no estaba en sus planes, entre otras razones, porque en círculos obradoristas se asumía que Ricardo Monreal era el candidato acordado para acompañar a López Obrador en las boletas que tendrían ante sus ojos los capitalinos. Pero a principios de 2017, algo se descompuso en la relación entre el líder de Morena y Monreal.

El exgobernador de Zacatecas presidía la delegación Cuauhtémoc y, a diferencia de Claudia, tenía varios años promocionándose para conseguir remplazar a Miguel Ángel Mancera en el gobierno de la capital. Al parecer, sus empeños resultaron excesivos a ojos de López Obrador, entre otros motivos, por entablar relaciones directas, más que cálidas, con quien sería su rival en la inminente campaña presidencial, el secretario de Hacienda, José Antonio Meade, con el pretexto de gestionar recursos y obras para su delegación.

Lo cierto es que, al margen de Monreal, la lista de alternativas era corta. Salvo Claudia, el resto de los delegados en funciones tenía un perfil más bajo y entre los cuadros de Morena sobresalían Martí

Batres, quien en ese momento no estaba en los mejores términos con López Obrador, y Alejandro Encinas, quien prefería abstenerse. Una vez más, Claudia no resistió el llamado de López Obrador para gobernar la capital mexicana.

Además de Sheinbaum y Monreal, compitieron Mario Delgado y Martí Batres. Los sondeos difundidos por periódicos y empresas encuestadoras colocaban a Monreal como favorito a lo largo de 2017, y el hecho de que Morena hubiera anunciado una encuesta como vía para elegir al candidato ensombrecía las perspectivas de la Doctora.

En 2017, Claudia Sheinbaum era poco conocida entre la población general a pesar de haber ocupado una posición destacada en el gobierno de López Obrador, supervisando proyectos emblemáticos, como la construcción del Segundo Piso del Periférico. Cuando decidió contender por la candidatura de Morena al gobierno capitalino, su equipo de campaña comentó que su nivel de reconocimiento público era apenas del 8%. Esta cifra la colocaba en un distante tercer lugar, detrás de figuras con mayor exposición pública como Martí Batres, Ricardo Monreal (entonces alcalde de la Cuauhtémoc) y Mario Delgado (entonces senador). Pero, a diferencia de los dos primeros, ella era un personaje que jugaba desde una cancha más pequeña pero impoluta.

A pesar de este inicio desfavorable, la ventaja de Claudia se logró en pocas semanas. Sus colaboradores presumen que su rápida ascensión se debió a una estrategia eficaz y a su capacidad para conectar con los votantes. Con un enfoque centrado en sus logros técnicos y su compromiso con los temas ambientales y urbanos, Claudia logró incrementar su visibilidad y aceptación pública. Además, la estructura del partido y las campañas en redes sociales operaron en favor de la única mujer.

La combinación de su experiencia y de la percepción positiva de su gestión le permitió superar rápidamente a sus competidores y consolidarse como una figura clave en la contienda por el Gobierno de la Ciudad de México. Para agosto, cuando Morena finalmente hizo su levantamiento, los medios señalaban que Claudia había alcanzado o se encontraba muy cerca de la intención de voto de su rival.

Los resultados oficiales del partido, anunciados el 24 de agosto de 2017, la declararon vencedora, entre duros cuestionamientos públicos por parte de Monreal. «Gané la encuesta, pero no gané la decisión de quien toma las decisiones», dijo, entre otras cosas. A la postre, López Obrador intervino para evitar un desgaste mayor, como él mismo reconoció en un mitin, e invitó al zacatecano a conversar. En una entrevista de Almazán a René Bejarano, este afirma que Monreal pidió, a cambio de aceptar su derrota, ser designado secretario de Gobernación si López Obrador ganaba la presidencia el siguiente año. «Andrés terminó cediéndole la candidatura de la Cuauhtémoc a alguien de su equipo y a él la coordinación del Senado».

Por su parte, terminada aquella reunión, Batres publicó en redes sociales los datos esenciales del resultado de la encuesta interna: «La información que nos han dado: el más conocido, Batres, y la mayor preferencia, cs. cs primer lugar; mb segundo, rma tercero». Una hora más tarde, en su página de Facebook, Sheinbaum escribió:

> El presidente estatal de Morena, mi compañero Martí Batres, ha dado a conocer a través de un tuit que la encuesta elaborada por un grupo de profesionales de Morena para seleccionar al coordinador de organización de Morena en la Ciudad de México me ha favorecido. Lo asumo con orgullo, responsabilidad y agradecimiento. No vamos a defraudar. Mi reconocimiento a Martí, Ricardo [Monreal] y Mario [Delgado]. Son compañeros a los que admiro y me siento honrada de caminar siempre junto a ellos.[1]

La disputa por la ciudad

Con todo, la elección de Sheinbaum por parte de Morena y de Andrés Manuel López Obrador era una apuesta riesgosa. Lo afectaba a él en particular porque necesitaba un candidato atractivo que sumara votos para la elección del próximo año, en la que, en el mismo día, estarían en juego la presidencia y la alcaldía. En 2017, no había ninguna garantía de que Morena lograra alzarse con la capital, algo que parece absurdo visto en retrospectiva, pero no en ese momento. Por un lado, el PRD gobernaba la capital, y el PRI, el país. Por el otro, dos años antes, Morena solo había obtenido cinco delegaciones, como se ha señalado, por seis del partido amarillo, de un total de 16. Pero, sobre todo, el partido de Mancera y los llamados Chuchos tenían una candidata que, en el papel, parecía formidable: Alejandra Barrales, mediática y carismática exlíder del sindicato de sobrecargos, con una trayectoria mucho más extensa y conocida que la de Claudia. Había sido miembro de los gabinetes de Lázaro Cárdenas en Michoacán y de Marcelo Ebrard y Miguel Ángel Mancera en el Distrito Federal, diputada y senadora, y en ese momento era presidenta nacional del PRD.

La candidatura de Barrales, sin embargo, se fue debilitando entre otras cosas por las pugnas internas entre el PRD, el PAN y el PRI. Cuando operaba todavía desde la presidencia del PRD, Barrales apoyó la postulación de Ricardo Anaya para competir por la presidencia, en lugar de Mancera, y este lo resintió. A la postre, fue abanderada del PRD, el PAN y el Movimiento Ciudadano, pero en una alianza en la que, en realidad, ninguno de los partidos la consideró su propia candidata.

Así llegó la coalición de Morena a las boletas para las elecciones de 2018: para presidente de la República, Andrés Manuel López Obrador; para jefa de Gobierno de la CDMX, Claudia Sheinbaum Pardo.

La victoria de ambos fue contundente.

La victoria de AMLO

Inconformes por la desatención de los gobiernos neoliberales a las mayorías rezagadas a lo largo de 35 años, los mexicanos dieron la victoria presidencial a Andrés Manuel López Obrador el 1.º de julio con un resultado aplastante. Un verdadero vuelco al sistema político dominante de México.

La victoria de López Obrador llevó a un líder de izquierda al mando de la segunda economía más grande de América Latina por primera vez en décadas, si no en la historia del país. El resultado de los comicios representó un rechazo evidente al sistema que durante el último cuarto de siglo se había definido por una visión globalizadora y neoliberal.

En su tercer intento por llegar a la presidencia, López Obrador ganó en las elecciones de manera categórica. Obtuvo la mayoría del Congreso, cinco de nueve gubernaturas y, con 31 millones, 53% del total de los sufragios, más que cualquier candidato desde que México comenzó su transición a la democracia dos décadas antes. Sus principales contendientes admitieron la derrota 45 minutos después del cierre oficial de las mesas, otra primicia histórica.

En su discurso el domingo por la noche en Ciudad de México, López Obrador buscó unir a un electorado polarizado y prometió cuidar a todos los ciudadanos, empezando por los pobres.

Al respecto, Andrés Manuel López Obrador se expresó así en su libro *¡Gracias!*:

Lo definitivo en nuestro triunfo fue la activa, consciente y decidida participación del pueblo; la gente estaba harta de la corrupción, de la impunidad y de la humillación de las élites y decidió darse la oportunidad para emprender juntos la Cuarta Transformación de la vida pública de México. Recuerdo que el cierre de campaña en el Estadio Azteca fue una gran fiesta. Allí sostuve que había entre la gente una alegría contagiosa y vibrante porque el ánimo de la sociedad y las encuestas indicaban que íbamos a ganar las elecciones [...]. Estamos a punto de comenzar la IV transformación en la historia de México y de convertir en realidad los sueños de muchos mexicanos de antes y de nuestro tiempo; lo que vamos a consumar viene de lejos y se ha fraguado con el esfuerzo y la fatiga de muchos compañeros, hombres y mujeres, de distintas clases sociales y corrientes de pensamiento que en su momento lucharon por las libertades, la justicia, la democracia y la defensa de la soberanía nacional.[2]

En su primera intervención, después de conocerse los resultados, indicó: «Llamo a todos los mexicanos a la reconciliación y a poner por encima de los intereses personales, por legítimos que sean, el interés general».

López Obrador, quien prometió bajar su propio salario y elevar el de los de los empleados del sector público con menos ingresos, hizo campaña con un discurso de cambio social que incluía un aumento de las pensiones para los adultos mayores, becas de estudio para jóvenes y apoyo adicional para los campesinos.[3] Aseguró que solventaría esos programas con el dinero que el país ahorrara al eliminar la corrupción, una cifra que ha ubicado en decenas de miles de millones de dólares al año.

El reto de la CDMX

El 1.º de julio de 2018, Sheinbaum logró una clara victoria al obtener 47% de los votos de Morena, el Partido del Trabajo (PT) y el Partido Encuentro Social (PES), frente al 31% de su rival. Su partido consiguió la mayoría en la Asamblea Legislativa con 37 de 66 escaños y ganó 11 de las 16 alcaldías.

Sin embargo, no puede pasar inadvertido que, en la Ciudad de México, 3.1 millones de personas votaron por López Obrador para presidente y solo 2.5 millones por Claudia Sheinbaum. Es decir, 581 000 personas que ese día votaron por el presidente decidieron también hacerlo por Barrales u otra opción. Algo similar a lo que le había sucedido a Marcelo Ebrard 12 años antes, cuando obtuvo 600 000 votos menos en la capital de los que cosechó López Obrador como candidato presidencial.

Con este triunfo, Claudia hizo saltar por los aires el tablero político: desde 1997, cuando se celebraron los primeros comicios en el Distrito Federal, la capital y el Gobierno federal no habían sido tutelados por la misma fuerza política.

Sheinbaum le arrebató el poder al histórico PRD que había tenido el control durante más de dos décadas de la CDMX. Antes que ella, gobernó Rosario Robles, una política que sustituyó a Cuauhtémoc Cárdenas (de septiembre de 1999 a diciembre del 2000), mientras él preparaba su campaña para las elecciones presidenciales del 2000. Y, más tarde, López Obrador (entonces miembro del PRD) gobernaría durante seis años la capital.

La flamante jefa de Gobierno de la capital se definió ante la prensa internacional como una política de izquierda —aficionada a seguir las intervenciones de los líderes de Podemos en el Congreso español—,[4] comprometida con la diversidad cultural y el medio ambiente, defensora de los pueblos originarios de la capital y de los derechos reproductivos de la mujer. «Mi gobierno será laico», aseguró en una entrevista con el periódico *El País*. «En la Ciudad de México hay derechos que son irreversibles. Está muy claro con ellos cuál es nuestro programa y cómo se incorporan. Si alguien del PES gobierna conmigo, tiene que aceptar todo esto», precisó en esa misma entrevista.[5]

En *El País,* al día siguiente de su victoria, se publicó este perfil de la primera mujer jefa de Gobierno de la Ciudad de México:

Esta licenciada en física y doctora en ingeniería energética, de 56 años, por la Universidad Nacional Autónoma de México, representa un espécimen extraño para la política mexicana. No es una líder de masas, apenas sonríe en los actos públicos y, aunque se esfuerza por disimularlo, parece incómoda gritando consignas sobre un escenario ante decenas de simpatizantes. Ha explicado orgullosa que ella misma escribe sus discursos y anota fórmulas matemáticas en ellos. Se considera una mujer pragmática y reconoce que quizá debería sonreír más, al menos frente a las cámaras. Esta noche no ha dejado de hacerlo.[6]

Primera mujer en estar al frente de la Delegación Tlalpan, primera mujer en ser elegida jefa de Gobierno de la ciudad más grande del mundo. Aunque su camino la llevaría a convertirse en la primera en muchos aspectos, lo que estaba por venir en esos años estaba muy lejos de imaginarse.

12

PRIMERA MUJER
AL FRENTE DE LA CDMX

Al asumir la Jefatura de Gobierno de la Ciudad de México, el 5 de diciembre de 2018, Sheinbaum apuntó:

> Es quizá una casualidad histórica, pero no deja de asombrar el triunfo nacional y la reconquista de la Ciudad de México por un movimiento democrático y pacífico 50 años después del movimiento estudiantil de 1968 y 30 años después del fraude electoral de 1988. Ese es nuestro origen, pero nuestro gobierno será para todos y para todas.[1]

Aunque Claudia participó en el equipo que ayudó a López Obrador a elaborar el Proyecto Alternativo de Nación 2018-2024, es interesante observar el contraste entre la visión nacional impulsada por el presidente y los matices y peculiaridades del proyecto propuesto por la científica convertida en jefa de Gobierno de la capital.

Muchas de las peculiaridades «locales» obedecen, desde luego, a las diferencias obvias entre una metrópoli y la heterogeneidad del resto del territorio nacional. Y es cierto que ambas visiones están dominadas por un fuerte contenido social que prioriza la atención a los sectores económicos desprotegidos. Pero es notorio el énfasis de Sheinbaum en aspectos esenciales de la agenda de una izquierda urbana moderna.

El título del proyecto «La ciudad de la innovación y la esperanza» es en sí mismo un plan de gobierno. También lo es la frecuencia con la que aparecen las nociones de sustentabilidad, igualdad e inclusión, expansión de derechos humanos, sentido de la comunidad, medio ambiente, construcción de ciudadanía. Palabras que no forman parte del léxico de López Obrador, aun cuando en algunos casos comulguen con el sentido de algunas de sus tesis, pero no en todas.

Por otra parte, se observa que la noción de *ciudad* que ella propone se nutre de su vida académica: detalladas menciones a la eficacia en la movilidad y el transporte, modernización del sistema de distribución de agua y captación de lluvias, inversión en tecnología para hacer más eficientes las mediciones, supervisiones, fugas y controles o seguridad pública. En algunos aspectos, pecaba de optimismo o quizá se debía a que ella desconocía, al igual que el resto del mundo, la crisis pandémica que venía. Proponía convertir a la Ciudad de México en la «capital cultural de América», para lo cual se organizarían festivales culturales de relevancia internacional y una enorme cantidad de actividades comunitarias y arte callejero mediante una red de casas de cultura y 300 centros de innovación comunitaria dedicados a impartir talleres de artes y oficios, acoger clubes de libros y cine. Posteriormente, mucho de esto fue creado, pero sin los recursos que ella habría deseado.

Una ventaja en favor de Claudia Sheinbaum es que tuvo posibilidades de elegir prácticamente a todo su Gabinete. Una combinación de expertos y especialistas en sus respectivas materias y de colaboradores o personas de su confianza. Pudo hacerlo en gran medida porque la integración del Gobierno federal y la multitud de escaños y curules conquistados por el obradorismo superaron con mucho la disponibilidad de sus cuadros administrativos y políticos. Esta vez no hubo multitud de militantes de la izquierda que veían en las estructuras del Gobierno de la ciudad la única alternativa profesional para los siguientes seis años.

Sin embargo, una parte de su agenda debió quedarse en el tintero. La austeridad, primero, y la pandemia y sus secuelas, después, provocaron que sus proyectos culturales más caros y aspectos clave de su ambiciosa estructura de innovación quedaran menguados. Las decisiones políticas y administrativas del Ejecutivo federal y su impacto presupuestal dificultaron la puesta en marcha de algunas de estas actividades, aunque trajeron otras, como la de la reconversión de Los Pinos y el lanzamiento del complejo proyecto cultural y ambiental del Bosque de Chapultepec.

En su gestión podrían destacarse algunos claroscuros. El Metro, paradójicamente, terminó siendo la mayor fuente de problemas y ataques mediáticos; pero, en sentido contrario, aunque se conozca menos, es también la mejor expresión de su sentido de responsabilidad como administradora pública. De lo primero no hay ninguna duda: la tragedia de la Línea 12 en mayo de 2021, el accidente mortal en la Línea 3 en enero de 2023, y el polémico rosario de «incidentes» en los días siguientes fueron, junto con la presunta «radicalidad» de la funcionaria, temas recurrentes para los adversarios políticos de la 4T.

Para el gran público, la Línea 12, la mayor tragedia en la historia del Metro en la ciudad, repartió culpas entre Marcelo Ebrard, cuya administración construyó la obra, y Claudia Sheinbaum, responsable de la operación y el mantenimiento. Los dictámenes terminaron atribuyendo los problemas al diseño original y a las especificidades de los materiales de construcción. Sin embargo, la jefa de Gobierno fue criticada por los medios al entrar en disputa con la empresa noruega responsable del dictamen, por un tercer comunicado que, a juicio de Sheinbaum, era inconsistente con los primeros peritajes. Con todo, habría que decir que ambos, Ebrard y Sheinbaum, superaron la tragedia. Un año después eran los favoritos en las encuestas de intención de voto en la precampaña presidencial, con bastante holgura.

Si el Metro ha sido el talón de Aquiles, también ofrece el mejor argumento en favor de Sheinbaum, aunque carezca del morbo de una mala noticia. Su administración decidió refundar por completo la Línea 1, mediante la reparación integral de vías y trenes y la construcción de una enorme estación eléctrica para asegurar el abastecimiento de los próximos años. Un proyecto que ha requerido más de la mitad del sexenio y 37 000 millones de pesos, por lo que constituye la obra pública más grande en la historia reciente de la ciudad. Este es el tipo de obras que no suelen hacer los políticos porque exigen mucho tiempo y enormes recursos y carecen del impacto político que supone una nueva infraestructura para presumir. En este caso, el esfuerzo va encaminado a mantener lo que se tiene y ahorrar a futuras administraciones un descalabro mayor.

«Hoy estamos aquí para darles la noticia de que hemos terminado la obra civil de la Nueva Línea 1 del Metro. Ha sido un trabajo titánico, […] se ha hecho en tiempo récord. No hay un ejemplo así en otro lado del mundo, porque en realidad estamos haciendo una nueva línea del Metro», destacó Claudia Sheinbaum en la presentación.[2]

La mandataria capitalina explicó que esta gran obra de ingeniería ha consistido en renovar completamente la infraestructura existente desde hace medio siglo. Se vació completamente el cajón de vías, se repararon todas las filtraciones de agua, se construyeron nuevos cárcamos para evitar inundaciones, y se implementó un nuevo sistema de drenaje a lo largo de toda la línea. Además, todos los elementos de los diferentes sistemas que hacen funcionar al Metro, incluyendo balasto, vías y barra guía, fueron remplazados con tecnologías modernas de última generación.

El proyecto se dividió en dos fases. La primera abarcó de Isabel la Católica a Pantitlán. Los trabajos se realizaron con una logística meticulosa, considerando que solo hay tres zonas por donde puede entrar y salir todo el material.

En palabras de la propia Claudia Sheinbaum, y explicado mediante una metáfora, la labor consistió en:

Sacar todo lo que estaba en el cajón, arreglar el cajón y poner todo nuevo, y comprar 29 trenes, hemos hecho dos cablebuses, 500 trolebuses, un trolebús de ocho kilómetros, que es elevado y único en el mundo. Todo esto va a atender el transporte público que es indispensable en cualquier ciudad, pero además atiende a quien menos tiene, y se hace realidad por el bien de todos, primero los pobres.[3]

La pandemia

La percepción de que Claudia Sheinbaum se mimetiza con las posiciones y planteamientos de López Obrador, sea por convicción o por estrategia política, es real. Sin embargo, hay momentos o situaciones en las que se asoma su particular impronta.

Un caso fue la estrategia seguida en relación con el COVID-19. Si bien el diseño de las políticas de prevención, atención y vacunación fue definido por el gobierno central, las autoridades citadinas intervinieron en muchos aspectos. Sheinbaum decidió separarse de directrices que a su juicio no eran las más convenientes para la ciudad. Quizá más simbólico, pero muy significativo, fue el hecho de que desde el inicio ella utilizó tapabocas, incluso en presencia de López Obrador, en momentos en que el presidente y su responsable para afrontar la pandemia, Hugo López-Gatell, claramente desestimaron esta medida, a veces con mofa. En otra ocasión, mantuvo el color naranja en el semáforo de riesgo epidemiológico en la capital, a pesar de que la autoridad federal pedía el cambio a rojo. De igual forma, introdujo ajustes en la logística para vacunar a la población, una campaña que resultó mucho más eficaz que en el resto del país.

En algún momento, Claudia dio a conocer que la Ciudad de México era una de las urbes con mayor coeficiente de vacunación contra el COVID-19 en el mundo: el 98.7% de los adultos habían recibido al menos una dosis y el 74% contaba con dos. El plan de vacunación, concebido por la propia Sheinbaum en su computadora, fue un éxito, especialmente al cortar de cuajo los tiempos de espera para la inyección, que en el interior del país se convirtieron en una pesadilla.

Pero también es cierto que se trata de diferencias de matiz que no deberían ser sobredimensionadas. Lejos estuvo Sheinbaum —al igual que el presidente y el encargado de liderar la lucha contra el virus, Hugo López-Gatell— de aplicar confinamientos y castigos a quienes los incumplieran, como ocurrió en otras ciudades latinoamericanas o europeas.

Al respecto, Sheinbaum comentó lo siguiente:

> Quisieron hacer ver que había una gran diferencia y que las políticas eran distintas, cuando en realidad aquí nos reuníamos, igual por Zoom, todos los días en la mañana, a veces dos veces al día, para poder atender la pandemia entre las secretarías de la Defensa y la Marina, el IMSS [Instituto Mexicano del Seguro Social], el ISSSTE [Instituto de Seguridad y Servicios Sociales de los Trabajadores del Estado]. Aquí logramos mucha integración en un solo sistema de salud. Hicimos el hospital, muy importante, en Citibanamex con apoyo de los empresarios, particularmente la Fundación Slim que apoyó muchísimo.[4]

En noviembre de 2021, a punto de cumplir tres años como jefa de Gobierno, Claudia Sheinbaum publicó un breve balance de su gestión. Eligió, para hacerlo, a *The Economist,* la revista semanal británica. Ahí explicó en un párrafo el origen y las promesas del movimiento del que forma parte: tras 30 años de políticas neoliberales «los ciudadanos votaron abrumadoramente por una transformación radical para reconstruir el Estado de bienestar desde abajo».[5]

Enseguida hizo un breve recuento de sus promesas de campaña y destacó la respuesta de su gobierno frente a la crisis provocada por el COVID-19, es decir, los altos índices de vacunación alcanzados. Al respecto, dice en *Claudia: el documental*:

Para mí, la vacunación era algo importantísimo, entonces sentí que no podía soltarlo, que tenía que diseñarlo y otro equipo empezó a llevarlo a cabo. Es un cálculo de cuánta gente se va a vacunar, dónde viven, cuántas vacunas tenemos, cuántos macrocentros de vacunación necesitamos, cuánta gente de apoyo necesitamos, de dónde va a venir esa gente, cuántas vacunas por minuto se pueden hacer, cuántos médicos y enfermeros necesitamos en el lugar, qué infraestructura se requiere, cuántos recursos económicos… Fue un momento difícil, pero hay que enfrentar los problemas poniéndote en los zapatos del que sufre.[6]

Seguridad Pública, versión Claudia

Otro tema es la seguridad pública. Si bien hay una presencia considerable de miembros de las fuerzas armadas y de la Guardia Nacional, y no podía ser de otra manera tratándose del asiento de los poderes federales, es evidente la apuesta por una seguridad pública basada en la profesionalización de la policía. Es notorio su apoyo a su secretario en la materia, Omar García Harfuch, un profesional en criminología.

La favorable evolución de los índices de seguridad en la Ciudad de México constituye el principal argumento para considerar que optar por los militares no es la única opción en el país. Uno de sus primeros actos de gobierno fue ordenar la desaparición del Cuerpo de Granaderos.

Sheinbaum habló al respecto en *Claudia: el documental*:

Cuando llegamos al Gobierno, se desató una ola de homicidios tremenda. El promedio en aquel entonces estaba en 4 homicidios diarios, pero cuando llego [al Gobierno], 10 homicidios. Una guerra entre los carteles que operaban en la ciudad y, desde mi punto de vista, el rompimiento de una serie de acuerdos que se tenían previamente. Y ahí viene una investigación muy fuerte a los mandos policiacos.

Nosotros tenemos cien policías en la cárcel, muchos de ellos mandos. Porque encontramos que había colusión con la delincuencia; entonces no se establecen relaciones de complicidad con nadie. Hemos reducido el homicidio alrededor del 50% y eso se ha logrado con una estrategia que tiene que ver con las causas, con mejor policía, con inteligencia, con investigación, con más cámaras, con profesionalismo y con mucha coordinación con el Gobierno de México, y la coordinación entre la policía y la fiscalía.[7]

Los martes de Claudia

Una iniciativa que Claudia Sheinbaum mantuvo a rajatabla fueron sus encuentros con ciudadanos comunes que, previa cita, se acercaban a la plancha del Zócalo como último recurso para solucionar problemas acuciantes. Se formaban ante escritorios señalizados con letreros: Vivienda, Agua, Seguridad, Finanzas, Empleo, Bienestar. Todos eran presididos por la jefa de Gobierno, sentada en la mesa principal; todos los martes atendió, durante cuatro años y de manera personal, a ciudadanas y ciudadanos que llegaban a verla con las más variadas solicitudes: personas sin vivienda, las que han sufrido violencia de todo tipo, con necesidades médicas y laborales, demandantes de servicios públicos. Muchos de ellos vieron resueltos sus problemas más urgentes.

24 horas al día, 7 días a la semana

Los primeros mensajes de Claudia Sheinbaum a sus colaboradores llegan alrededor de las cinco de la mañana, y el último puede ser al filo de la medianoche. No siempre es así ni con todos; depende de la situación. Pepe Merino, uno de los más allegados a la presidenta electa, recuerda que, a finales de 2020, en la segunda ola de la pandemia del COVID-19, con los contagios y las muertes acumulándose (aún no había vacuna), la jefa de Gobierno de la capital, le envió un escueto mensaje de WhatsApp que decía, simplemente: «C5».

Eran más de las 11:30 p. m., y él ya estaba en cama. Merino, que era el titular de la Agencia Digital de Innovación Pública, entendía que su jefa lo estaba citando en el centro de vigilancia de la capital, que gestiona todo tipo de emergencias y que, para entonces, se había convertido en el punto estratégico de atención a los reportes de contagio, a través del 911. Cuando Merino logró llegar, Sheinbaum ya estaba allí, contestando llamadas, asignando ambulancias y buscando sitio para los enfermos en algún hospital. Era la misma tarea que estaban haciendo otras decenas de trabajadores. La jefa era una más entre todos ellos.

Sheinbaum tomaba cada llamada sin presentarse como la mandataria, detalla Merino. Era una operadora anónima. Saludaba y hacía las preguntas de rigor: síntomas, saturación de oxígeno, domicilio.

Estuvo haciendo ese trabajo hasta las cuatro de la mañana. Nadie tomó una foto de ese momento. «No lo hizo para que la vieran. Era una coyuntura tan compleja en que la vida de una persona puede estar en tus manos. Ella siente que tiene que meter las manos y las mete en serio. Fue muy motivante verla hacer lo mismo que todos los demás. Tiene un compromiso y una claridad moral y ética que no deja espacio para dudas o ambivalencias», afirma Merino.[8]

La misma anécdota es relatada por Sheinbaum en *Claudia: el documental*:

Toda la pandemia fue un momento de mucha tensión. Pedimos, junto con el Gobierno federal, que el oxígeno que se destinaba a la industria se destinara para la atención de los enfermos. Fue un momento muy complejo.

Cerca de Navidad, me llama por teléfono el director del C5, me dice: «Tenemos una cola muy larga de ambulancias y no sé qué hacer, necesito que me ayudes». Me fui al C5, llamé al director del IMSS y le dije: «Mándame gente». Llamé al secretario de la Defensa Nacional, al secretario de la Marina, al ISSSTE; todas las ambulancias privadas que hubiera.

De plano me puse a llamar por teléfono a las personas que llevaban más tiempo esperando ambulancias. Nunca dije soy la jefa de Gobierno, le estoy hablando, sino: «Hablamos del 911. ¿En qué situación se encuentra su paciente?». Fueron horas y horas. Fue una situación de mucha angustia; pero, al mismo tiempo, de mucha cooperación.[9]

Y aunque menos urgente...

«Nosotros creamos dos universidades: la Rosario Castellanos y la Universidad de la Salud», dice la presidenta electa en su documental. La primera fue «una idea propia porque en la zona metropolitana hace falta espacio para los jóvenes; el orgullo de tener 36 000 jóvenes que antes no tenían derecho a la educación y hoy pueden estudiar».[10] Además, en su gobierno se creó la Universidad de la Salud por iniciativa directa de López Obrador.

En materia de movilidad, Claudia Sheinbaum afirma que todo lo que hizo en esta materia al frente de la CDMX fue resultado de sus experiencias y reflexiones desde su puesto como secretaria de Medio Ambiente: «Siempre dije en mis artículos académicos que había que invertir en transporte público, que era la mejor manera de resolver los problemas ambientales, pero a la vez de acercar los derechos a la gente».[11]

La preprecandidata

A lo largo de la complicada administración de una metrópoli que es tan grande como sus problemas, Claudia entendió que se avecinaba una batalla totalmente distinta de las que había tenido: la disputa por la presidencia. Por lo mismo, estrategias y enfoque tenían que ser profundamente precisos. Una disputa que ponía en movimiento otras reglas, y no solo por la magnitud de lo que estaba en juego. Entre los nuevos temas se encontraba la necesaria construcción de una imagen nacional. El cambio de peinado, de suelto y un poco más ondulado a lacio y en coleta, fue la parte menor de esta estrategia. La doctora era un personaje en la vida de la capital, pero una figura poco conocida para el gran público en el resto del país. Cambiar eso era el verdadero reto.

En noviembre de 2021, Sheinbaum apareció en la portada de *El País Semanal*: en una casa con muebles de madera en segundo plano, una ventana enmarcada por finas cortinas color hueso, Claudia entreabriéndolas para mirar a través de ella. La fotografía de tres cuartos la muestra de pie con un vestido blanco de una sola pieza, maquillaje y accesorios discretos. Destaca la sobriedad y el hecho de que es posible ver las arrugas de su mano y algunas marcas en su rostro: toda una declaración en tiempos de filtros y correcciones digitales. El título del semanario destaca el gesto de la fotografía: «Claudia Sheinbaum y el futuro de México».

Ese mismo mes, en ese mismo periódico, una nota con una contundente declaración de la jefa de Gobierno de la CDMX: «México está preparado para tener una presidenta».[12] En ese mismo texto firmado por Jon Martín Cullell se lee:

Hasta ahora, Sheinbaum ha evitado declarar su intención de participar en la carrera presidencial de 2024, pero todo lo que hace y dice es leído en clave sucesoria. «Para todo estamos listas las mujeres y, ahora venimos como jefa de Gobierno, ya después platicamos de otros temas», ha dicho este lunes. «Desde hace mucho ha habido muchas candidatas a presidentas de la República, pero hoy, no solamente es un asunto de género, que es importante, sino también la continuidad de esta Cuarta Transformación que es fundamental...

el rumbo de México, un gran momento y hay que darle continuidad y todo nuestro apoyo al presidente de la República».[13]

Tres años después de asumir su cargo como jefa de Gobierno de la Ciudad de México, Claudia Sheinbaum comenzó a fortalecer su presencia en otros estados del país. Entre otras actividades, asistiendo en ocasiones a las «mañaneras» de López Obrador, a actos de Morena y a eventos culturales como la presentación del Festival Cervantino 2022.

Estos viajes y apariciones en escenarios clave demuestran la intención de Sheinbaum de conocer y ser conocida a lo largo del territorio nacional. Al apoyar públicamente a nuevas gobernadoras y participar en eventos culturales de gran envergadura, Sheinbaum buscaba reforzar los lazos dentro de su partido, proyectar un liderazgo entre militantes y cuadros, y familiarizarse con el público en distintas regiones de México. A diferencia de sus potenciales rivales en la candidatura presidencial, Marcelo Ebrard y Adán Augusto López, ella no formaba parte del Gabinete federal, lo cual facilita la relación con el resto del país. Esta estrategia de visibilidad y de interacción con líderes morenistas locales y gobernadores de su partido era esencial para posicionarse de cara a la competencia que se aproximaba. Sin embargo, también hay que decirlo, aunque nunca fue explícito, Sheinbaum parecía contar con alguna ligera ventaja en la arena política que verdaderamente importaba: Palacio Nacional.

En ese determinante año de 2021, a propósito de Claudia Sheinbaum, Andrés Manuel López Obrador comentó:

Tenemos muy buena relación con la jefa de Gobierno. Quizá por eso no tengo que hacer muchas giras en la Ciudad de México porque la jefa de Gobierno me aligera la carga. Ella me representa muy bien. Me siento representado por la jefa de Gobierno, que es una mujer trabajadora, honesta, con convicciones.[14]

Gestos y palabras que compensaban con creces el hecho de que la trayectoria política de Claudia se hubiera restringido exclusivamente a la capital del país. Las escasas pero muy significativas menciones de López Obrador sobre la jefa de Gobierno fueron interpretadas, dentro y fuera del movimiento, como una categórica preferencia por parte del líder respecto a la identidad de su relevo. El mejor de los auspicios, aunque sin ninguna garantía, sobre la batalla que se aproximaba.

13

LA MADRE DE TODAS
LAS BATALLAS

«Hoy ya dejo de ser el dirigente del movimiento de la transformación en México y voy a entregar el bastón de mando a Claudia Sheinbaum por la tarde-noche», dijo Andrés Manuel López Obrador en su conferencia matutina del jueves 7 de septiembre de 2023.[1]

Horas después, por la noche, en el restaurante El Mayor, situado frente al Templo Mayor, Andrés Manuel López Obrador entregó a Claudia Sheinbaum el bastón de mando, sellando mediante este ritual la contienda presidencial dentro de las filas de Morena, y señalando públicamente a la científica y ex jefa de Gobierno de la Ciudad de México como la candidata presidencial de este partido.

La cena en aquel tradicional restaurante del centro de la capital mexicana, donde se dieron cita Claudia Sheinbaum, Andrés Manuel López Obrador, los gobernadores de Morena y los otros contendientes de la encuesta a la ciudadanía organizada por el partido, se convirtió en una especie de alfombra roja durante la cual los asistentes no pararon de hacerse *selfies*.

La exalcaldesa de la capital, lista para ser ungida por el máximo líder de Morena a fin de disputar las presidenciales de 2024, tuvo que sortear una marea de simpatizantes que la empujaban de un lado para otro. Sin perder la compostura, saludó con sonrisas.

La entrega del bastón de mando que, en palabras de López Obrador, la acreditaba como nueva líder de la Cuarta Transformación no era un acto protocolario ni tradicional, sino un gesto sim-

bólico concebido por el presidente para enfatizar las raíces populares e históricas de un movimiento que se presenta como una
emanación de la voluntad del pueblo. Se trata de una tradición
de las comunidades indígenas. La entrega de un bastón de mando
que, como estafeta, expresaría los deseos de cambio y transformación de los mexicanos.[2]

En la ceremonia, Sheinbaum levantó el bastón, decorado con
cintas de colores, le dio un beso al presidente y dijo conmovida:
«Desde aquí les digo: Jamás voy a mentir, jamás voy a robar y jamás voy a traicionar al pueblo de México».[3]

López Obrador comentó después, sellando ese pase de mando
y liderazgo: «Estoy sereno y contento porque Claudia Sheinbaum,
quien me ha sustituido en la dirección del movimiento de transformación, representa una auténtica garantía de que tendremos un
porvenir de más justicia y más honestidad en nuestro México lindo
y querido».[4]

Las corcholatas

El proceso que culmina con la candidatura de Claudia Sheinbaum
a la presidencia por parte de Morena puede ser visto en retrospectiva como un proceso fluido, pero en realidad se trató de un largo
pasaje tenso y cargado de contratiempos. Andrés Manuel López
Obrador, presidente de México y líder moral de Morena, anunció
desde el principio de su mandato que no buscaría la reelección.
Esto abrió la puerta para que otros miembros prominentes del
movimiento comenzaran a posicionarse como posibles sucesores.

El presidente utilizó el término «corcholatas» para referirse a los
posibles candidatos presidenciales dentro de Morena, una forma
coloquial y humorística de hablar sobre los contendientes en la sucesión, jugando con el término original de «Los Tapados». A lo largo de
su mandato, mencionó a varias figuras clave de su administración

y del partido como posibles candidatos. Entre ellos destacaron Claudia Sheinbaum (jefa de Gobierno de la Ciudad de México), Marcelo Ebrard (canciller), Adán Augusto López (secretario de Gobernación) y Ricardo Monreal (líder de Morena en el Senado).

Consecuentemente, cada uno de los aspirantes comenzó a operar para aumentar su visibilidad pública y a consolidar apoyos dentro y fuera del partido. Claudia Sheinbaum optó por destacar sus logros como jefa de Gobierno, incluyendo la modernización del Metro y su manejo de la pandemia del COVID-19 en la capital. Los precandidatos realizaron giras, eventos públicos y encuentros con simpatizantes para fortalecer su base de apoyo.

Como en otras elecciones internas, Morena decidió utilizar encuestas como el principal mecanismo para seleccionar a su candidato presidencial. Un recurso diseñado para medir el nivel de apoyo popular y aceptación de los aspirantes no solo entre los militantes y simpatizantes del partido, sino también entre la población en su conjunto. A lo largo de este proceso, se realizaron múltiples encuestas que fueron monitoreadas de cerca por los equipos de campaña de cada «corcholata».

Aunque no se realizaron debates formales entre los precandidatos, hubo numerosos foros y eventos en los que cada aspirante presentó sus propuestas y visión para el país. La competencia fue intensa y, aunque en lo formal se mantuvo una narrativa que privilegiaba la unidad del partido, en la práctica hubo una lucha soterrada por obtener el apoyo de los gobernadores y las bases sociales del movimiento. Y pese a los frecuentes exhortos a la concordia de parte del presidente, también existieron golpes bajos y filtraciones mediáticas destinadas a perjudicar al contrario.

En septiembre de 2023, Morena anunció los resultados de las encuestas oficiales. Claudia Sheinbaum resultó ser la mejor posicionada, con un fuerte respaldo tanto de la base del partido como del público en general.

Claudia Sheinbaum	39%
Marcelo Ebrard	26%
Ricardo Monreal	16%
Adán Augusto López	11%
Gerardo Fernández Noroña	10.6%
Manuel Velasco	7%

Después de anunciar los resultados,[5] el partido formalizó la candidatura de Claudia Sheinbaum, presentándola como la candidata oficial de Morena para las elecciones presidenciales de 2024. Un proceso que no estuvo exento de impugnaciones, por ejemplo, el alegato de Marcelo Ebrard sobre la ausencia de un «piso parejo». Ante la aparente negativa por parte del excanciller de reconocer los resultados, todo indicaba que el proceso terminaría con una ruptura. Pero tras algunas semanas de indefinición y, al parecer, gracias a las buenas artes de López Obrador, las diferencias fueron subsanadas y Ebrard se incorporó al equipo de campaña de la triunfadora.

Pero para el grueso de las bases de Morena, el resultado final constituyó la consumación de una crónica anunciada. Claramente, la jefa de Gobierno de la Ciudad de México había sido la candidata favorecida por el obradorismo a lo largo de la contienda, tanto en sus altas esferas como «a ras de piso». López Obrador había conseguido el enorme reto de mantener la unidad de Morena y conseguir el relevo que más le satisfacía. Una transición tersa que no suele ser lo usual en la tradición fratricida que caracteriza a las luchas internas entre la izquierda.

Continuidad para el futuro

«Con Claudia se garantiza la continuidad de nuestro movimiento de transformación; la conozco desde hace 23 años, siempre hemos trabajado juntos y es una mujer preparada, con convicciones y, sobre todo, honesta», cuenta el propio presidente en su libro-testimonio *¡Gracias!*[6]

El líder de Morena continúa con la anécdota:

Recuerdo que cuando triunfé en el año 2000 para ser jefe de Gobierno de la Ciudad de México decidí cumplir el compromiso de integrar mi gabinete con el mayor número posible de mujeres, porque mantengo la convicción, y lo he probado a través del tiempo, de que son, en su gran mayoría, más capaces, responsables, trabajadoras, decididas e incorruptibles, en suma, excelentes en el servicio público.

Así fue como le pregunté a Pepe Barberán, un hombre de ciencia y de profundas convicciones humanitarias, si conocía a alguien —de preferencia mujer— que nos ayudara como secretaria del Medio Ambiente y que supiera, sobre todo, cómo enfrentar el grave problema de entonces de la contaminación del aire en la Ciudad de México. Pepe me dijo que recomendaba a Claudia, pero que no sabía si aceptaría porque se desempeñaba como académica en el Instituto de Ingeniería de la UNAM. Hablé con ella en el Sanborns de Insurgentes, en San Ángel, y se comprometió a ayudarnos. Desde entonces, su contribución en el Gobierno fue fundamental [...] en 2018, yo quería que fuera la jefa de la campaña presidencial, porque además de ayudarme en eso, pensaba que íbamos a ganar y sería la primera mujer secretaria de Gobernación. Lo comenté con ella, pero desde que se lo dije, en vez de alegrarse se puso triste; le pregunté qué pensaba y me contestó que ella quería contender al interior de Morena por la candidatura para jefa de Gobierno; le respondí que lo sopesara, porque Ricardo Monreal estaba bien posicionado y podía ganarle la encuesta. Al final, como es un poco terca o, para decirlo con elegancia, perseverante, como ya saben quién, decidió participar en la contienda interna y la ganó, al igual que la elección constitucional para jefa de Gobierno. Sostengo que actuó bien en este encargo; baste decir que su gobierno ha sido el que más ha disminuido la delincuencia en los últimos treinta años en la Ciudad de México. Además, es sensible, incapaz de cometer una injusticia y, sobre todo, repito, es honesta. En fin, estoy contento, no solo porque es muy probable que el pueblo decida a favor de que continúe la Cuarta Transformación, sino, sobre todo, porque no habrá desviaciones y se mantendrá el compromiso de atender con prioridad a los más necesitados y bajo los principios rectores de no mentir, no robar y no traicionar al pueblo.[7]

Matrimonio, un respiro familiar

La segunda parte de 2023 fue muy agitada para Claudia Sheinbaum. A la entrega del bastón de mando en septiembre de ese año se sumó su compromiso con el sinaloense Jesús María Tarriba Unger. La relación comenzó en 2017, luego de que Jesús y Claudia, quienes fueron novios en su juventud, se reencontraran en Facebook 32 años después, según ha contado ella misma. Una de las primeras veces que se les vio en público fue en la conmemoración del Día de la Independencia, el 15 de septiembre de 2021, en uno de los balcones del Palacio Nacional.

Se conocieron estudiando la licenciatura en Física en la Facultad de Ciencias de la UNAM. «Se hicieron novios, pero solo duraron alrededor de un año. Dicho por él: "la descuidé, la perdí y sí me arrepentí". Cada uno, por su lado, creció, se casó y tuvo hijos».[8] Acumularon, como recuerda un periodista de *Milenio*, también cada uno por su lado, maestría, doctorado y divorcio. En 2019, la ahora presidenta electa reveló en un programa de televisión que tenía novio. Como muestran las redes sociales, Jesús Tarriba le regaló una guitarra a Claudia con la que ella hizo un video para Facebook Live entonando «Siempre en mi mente», de Juan Gabriel.[9] «Es una mujer muy intensa, muy interesante, muy empática», ha dicho Tarriba sobre ella.[10]

La sucesión adelantada y la necesidad de «posicionarse» en las encuestas llevaron a Claudia Sheinbaum a optar por un enfoque mediático estratégico para anunciar su compromiso matrimonial. Eligió el programa de la reconocida conductora Martha Debayle como el medio para dar a conocer el compromiso de Sheinbaum con Tarriba, un destacado analista de riesgos económicos originario de Mazatlán. La pareja celebró su enlace matrimonial en noviembre de 2023, durante una ceremonia que atrajo considerable atención mediática y social.

Jesús Tarriba posee una interesante trayectoria profesional. Con un doctorado en Física, ha construido una sólida carrera como especialista en modelos de riesgo financiero. Su experiencia abarca trabajos en México y en el extranjero; destaca su paso por el Banco Santander en España, siempre como analista financiero. Actualmente Tarriba se desempeña en el Banco de México, donde aplica su *expertise* en el manejo y evaluación de riesgos económicos, en una unidad especializada de nuestro banco central.

Tras la entrevista con Debayle, en un evento sobre prevención de violencia contra las mujeres, realizado en Xochimilco, le preguntaron a Claudia detalles de la boda, en particular si había habido anillo de compromiso y una petición tradicional: «Mira, a la edad que tenemos… en realidad fue decisión mutua y estamos muy contentos y va a ser algo muy íntimo […] no vamos a hacer grandes fiestas», fue su respuesta.[11]

Desde entonces, el compromiso matrimonial de la jefa de Gobierno fue motivo tanto de notas periodísticas como de escenas simpáticas en sus apariciones públicas. El sábado 1.º de abril de 2023, cuando Claudia subió a un escenario en Morelos, desde el público se empezaron a entremezclar los gritos de «Te amo, Claudia», «¡Presidenta, presidenta!» y «Te queremos». Entonces se escuchó un claro: «¡Cásate conmigo, Claudia!».

—Ya estoy comprometida, lo siento —respondió.[12]

Desde entonces se les ve más juntos; incluso cuando votó el 2 de julio de 2024, él iba a su lado.

La rutina de Claudia Sheinbaum se ha vuelto una vorágine de actividades públicas y obligaciones que ocupan tanto los días como buena parte de las noches. Antes, su sentido de responsabilidad la llevaba a cumplir horarios de seis de la mañana a diez u once de la noche, pero ahora las demandas de la campaña presidencial extendieron su dedicación incluso a los fines de semana, que previamente reservaba para la vida hogareña.

En el presente, comparte su hogar con Jesús María Tarriba Unger, su pareja desde hace siete años. Este vínculo con alguien fuera del ámbito político, aunque profundamente ligado a la ciencia y a la academia, le ha brindado un respiro frente a la intensidad de sus responsabilidades públicas, y también le permite cultivar sus otras aficiones. La relación con Tarriba, un hombre de ciencia, ha sido un punto de equilibrio en su vida; un ancla para momentos de tranquilidad, la oportunidad de desconectar, aunque sea brevemente, del incesante ritmo de la política. En la etapa estudiantil, cuando Sheinbaum y Tarriba se conocieron en el ambiente de la UNAM, ella decidió hacerse un tatuaje: una flor en el tobillo y unas pequeñas mariposas en la espalda. Hoy esos detalles personales parecerían contrastar con su vida profesional, pero en realidad son una expresión fiel de la parte lúdica de su vida a la que nunca ha renunciado.

Del otro lado: Xóchitl

La campaña por la presidencia arrancó con Claudia Sheinbaum muy bien posicionada en las encuestas y con el determinante y total respaldo de su partido y del presidente López Obrador. Por otro lado, en la oposición había una incertidumbre que no llegaba a disiparse, aunque gracias a la senadora Xóchitl Gálvez parecía que se conformaba un bloque sólido, la coalición Fuerza y Corazón por México (PAN, PRI y PRD), para intentar competir.

Desde el inicio de la precampaña, Claudia Sheinbaum se mantuvo arriba en las encuestas. Sin embargo, en enero, su ventaja sobre Xóchitl Gálvez disminuyó de 22 a 16 puntos gracias al posicionamiento en redes de la candidata de oposición, donde se resaltó su perfil tecnócrata, con estudios de maestría y experiencia en el ámbito empresarial, además de una supuesta cercanía con el pueblo (sus huipiles y sus constantes registros coloquiales recalcaban esto). Para finales de marzo, la ventaja de Sheinbaum aumentó nuevamente a 17 puntos, lo que representaba el 51% de las preferencias frente al 34% de Gálvez. La *Encuesta EF* de marzo reveló que Sheinbaum tenía un fuerte apoyo entre los beneficiarios de programas sociales, mientras que Gálvez era favorecida por quienes no recibían estos beneficios. En el primer mes de campaña, la opinión positiva de Sheinbaum subió del 51 al 55%, y la negativa bajó del 33 al 30 por ciento.[13]

El primer debate presidencial a inicios de abril se inclinó por Claudia, pero el segundo debate estuvo dividido entre las dos candidatas, aunque lo que más destacó fue el ataque constante de la oposición a la abanderada de Morena. Esto lo aprovecharon Xóchitl y su equipo para hacer pública una encuesta de la empresa Massive Caller del 30 de abril donde supuestamente existía una igualdad entre ambas.[14] Para el tercer debate, Claudia no respondió a ninguna provocación, lució más propositiva y terminó su participación recordando a los ciudadanos de México que ella es una política asertiva, que trabaja y consigue resultados; del otro lado, Xóchitl gastó su tiempo en ataques que no prosperaron y la hicieron lucir sin propuestas y desdibujada; Máynez lució fresco y con esta participación se ganó a los últimos votantes indecisos.

La última encuesta, hecha a cinco días de la votación, otorgó una ventaja de 20 puntos a Claudia, con el 54%; Gálvez obtuvo el 34%, y el candidato de MC, el 12%.[15] La esperanza de una posible sorpresa se disipó. Así, Sheinbaum, atravesó reforzada y con mayor solidez política su campaña presidencial.

14

¡VICTORIA!

«M»e convertiré en la primera mujer presidenta de México», dijo Claudia Sheinbaum en su triunfo, la noche del domingo 2 de junio. A pesar de festejar en un Zócalo prácticamente vacío, por la hora en que se realizó el acto público, Claudia Sheinbaum mantenía su sonrisa.

Cinco días antes de las elecciones, las encuestas le daban más de 20 puntos sobre su rival más cercana, Xóchitl Gálvez. Tal era la diferencia que pocos analistas dudaban ya de que la ex jefa de Gobierno de la Ciudad de México fuera a batir récords convirtiéndose así en la primera mujer en presidir México. Según los primeros conteos, la participación en los comicios presidenciales fue de entre 60 y 61.5% del electorado. Lo que convirtió también a Sheinbaum —otro récord— en la candidata más votada para ese cargo. Y todo eso con una carrera política que muchos calificarían de meteórica: a la científica e «hija del 68», le bastaron 20 años para alcanzar el cargo más alto de la administración pública: fue secretaría de Medio Ambiente, alcaldesa de Tlalpan, jefa de Gobierno de la Ciudad de México y, desde el 1.º de octubre de 2024, Presidenta de la República.

A diferencia de hace seis años, cuando se celebró otra elección histórica por el triunfo del primer presidente de izquierda, Andrés Manuel López Obrador, el Zócalo no lució lleno, a pesar de que el anuncio e invitación al festejo lo hizo la propia candidata varios días antes. Aunque no todos acudieron al llamado, quienes lo hi-

cieron agitaron banderas de Morena, gritaron su nombre, carga-
ron su «Claudita» de peluche, y entonaron porras de «Presidenta,
presidenta».

Visiblemente emocionada, la candidata de Morena, PT y Verde
Ecologista de México llegó a su festejo en los primeros minutos
del día 3 de junio. Se subió al templete, se acercó al micrófono y,
rodeada de los suyos, agradeció a quienes la esperaron por horas en
el Zócalo de la Ciudad de México. Luego los asistentes aplaudie-
ron cuando Guadalupe Taddei, presidenta del Instituto Nacional
Electoral (INE) anunció su triunfo irreversible e histórico.

«Amigas, amigos, muchas gracias por esperarnos hasta esta hora.
¡Sí se pudo! Alcanzamos cerca de 35 millones de votos», declaró.

Con un Palacio Nacional iluminado y una Plaza de la Constitución aún ocupada por integrantes de la Coordinadora Nacional
de Trabajadores de la Educación, Sheinbaum destacó la relevancia de
que por primera vez en 200 años las mujeres lleguen a la presidencia, porque si bien el triunfo es de ella, la lucha fue de cientos.

En un día de fiesta, la pirotecnia iluminó el cielo del Zócalo
capitalino.

2 de junio

Sin una sede de campaña formal, Claudia Sheinbaum improvisó
dos centros estratégicos durante la jornada electoral: su hogar en
Tlalpan y una sala en el hotel Hilton de la Ciudad de México. En
el Día D, apenas modificó la rutina que había seguido las últimas
semanas: comenzaba el día desayunando con su equipo cercano,
repasando las últimas actualizaciones y ajustando estrategias para el
resto de la jornada.

El 2 de junio fue el último día de esa bitácora. Hacia las cinco de
la tarde, dejó su domicilio y se dirigió en una camioneta hacia la
Alameda Central, donde se encontraba el otro «cuarto de guerra».

Entre colegas y partidarios, Sheinbaum recibió felicitaciones, posó para fotografías, abrazaba a sus seguidores y celebró los resultados preliminares que arrojaban las fuentes cercanas al partido.

No tenía las cifras oficiales, pero sí encuestas de salida que le daban una victoria incuestionable. Delegó en su jefe de campaña y líder del partido, Mario Delgado, toda comunicación. «Estamos llevándonos carro completo en estas elecciones». «Nuestras encuestas de salida nos dan una amplia ventaja sobre la candidata del PRIAN, muy amplia, 2 a 1 de diferencia».[1]

Después de casi diez horas de intensa jornada electoral, los ánimos en el centro de la Ciudad de México empezaron a exaltarse. En Paseo de la Reforma, mientras aún no se conocían los resultados finales, automovilistas y motociclistas comenzaron a hacer sonar sus cláxones y a ondear banderas con los nombres de Claudia Sheinbaum y Clara Brugada, candidata al Gobierno de la Ciudad de México. Conforme avanzaba la noche, los simpatizantes de Morena se congregaron frente al hotel Hilton, ubicado frente a la Alameda Central, donde la candidata presidencial tenía establecido su centro de operaciones.

El ambiente era de expectativa y emoción contenida mientras los partidarios de Sheinbaum esperaban ansiosos los resultados definitivos. La calle se llenó de gente que celebraba anticipadamente, compartiendo abrazos, consignas, y mostrando su apoyo incondicional a la candidata. Este momento no solo marcaba la culminación de una jornada electoral intensa, sino también el inicio de la expectativa por los resultados que definirían el rumbo político del país en los próximos años.

Los asistentes al festejo previo organizaban porras y cánticos a favor de quien se convertirá en la próxima presidenta de la República. «¿Y dónde están y dónde están, esos prianistas que nos iban a ganar?», coreaban centenares de personas al tiempo en que ondeaban banderas de México y de Morena.

Durante la celebración previa en el Zócalo, se distribuyeron réplicas de bandas presidenciales de cartón con el rostro de Claudia Sheinbaum y la leyenda «llegamos todas». A medida que la medianoche se acercaba y el Instituto Nacional Electoral aún no anunciaba los resultados preliminares, los ánimos se calmaron un poco. Sin embargo, en el momento en que los resultados se hicieron públicos, justo al filo de la medianoche, los simpatizantes estallaron de alegría. Algunos comenzaron de inmediato a entonar el Himno Nacional, marcando así un momento de euforia y celebración que llenó el ambiente de expectativa y esperanza en el Zócalo de la Ciudad de México.

Los resultados fueron mucho más holgados de los que habían esperado sus simpatizantes:

Claudia Sheinbaum	59.71%
Xóchitl Gálvez	27.45%
Jorge Álvarez Máynez	10.32%

Una diferencia de más de 30 puntos o más del doble que su cercana perseguidora. Un porcentaje a favor que superaba incluso al de su predecesor o al de cualquier presidente de la historia moderna de México. Además, obtenían la capital y otras seis entidades de las que estaban en disputa esa jornada. En total, siete de nueve: Morena mantuvo el poder en los estados en los que ya gobernaba (Puebla, Tabasco, Morelos, Chiapas, Veracruz y Ciudad de México) y, además, ganó en Yucatán, tradicional feudo del PAN. Pero lo más sorprendente fue el resultado en el poder legislativo. Morena y sus aliados alcanzaban más de dos tercios de las curules en la Cámara de Diputados, un objetivo que parecía inalcanzable, con lo que conseguían la llamada mayoría constitucional. En el Senado, quedaban cortos por una pestaña, con toda la fuerza para negociar los tres escaños faltantes, cuando fuera necesario. En suma, condiciones de gobernabilidad envidiables para el arranque del sexenio de la nueva mandataria.

Con cifras oficiales, Claudia Sheinbaum celebró su victoria agradeciendo a sus adversarios por reconocer su derrota. «Quiero expresar mi gratitud a Xóchitl Gálvez Ruiz, candidata de Fuerza y Corazón por México, por la llamada que recibí hace unos momentos reconociendo nuestro triunfo; asimismo, a Jorge Álvarez Máynez, candidato de Movimiento Ciudadano, por su llamada. Reconozco su participación en estas elecciones libres y democráticas», dijo Sheinbaum sobre los políticos con quienes debatió y compartió intercambios de opiniones durante la campaña.

Sheinbaum para el mundo

Unas horas más tarde, arrancando el nuevo día, se desgranaron los mensajes procedentes de todo el mundo. Si el voto de los ciudadanos había sido categórico a su favor, al día siguiente recibió «el voto» de los mandatarios del mundo.

Los primeros fueron Joe Biden, presidente de Estados Unidos, y Justin Trudeau, primer ministro de Canadá, los socios vitales de México. Con el saludo llegaba también la reafirmación de su compromiso para seguir colaborando. La presidenta de la Comisión Europea, Ursula von der Leyen, también lanzó sus mejores deseos tras el triunfo de Claudia. «Felicidades, Claudia Sheinbaum, por su histórica elección como la primera mujer presidenta de México. México y la UE comparten profundos vínculos históricos, económicos y culturales. Espero fortalecer nuestras relaciones bilaterales bajo su liderazgo», escribió en redes sociales.

El presidente de Francia, Emmanuel Macron, también expresó su felicitación por los resultados de las elecciones mexicanas, confirmando que ya había hablado por primera vez con la presidenta electa. Por otro lado, el presidente de Colombia, Gustavo Petro, destacó que la victoria electoral era un hecho sin precedentes para el

país. «Felicitaciones a mi amiga Claudia Sheinbaum, juntos traba-
jaremos por ver a América Latina unida y progresando», enfatizó.

El expresidente de Uruguay, José Mujica, compartió una imagen
ondeando la hermosa bandera tricolor para celebrar la victoria de
Claudia Sheinbaum. Los presidentes de España, Pedro Sánchez, y
de Chile, Gabriel Boric Font, expresaron su apoyo tras las históricas elecciones. Luiz Inácio Lula da Silva, expresidente de Brasil,
destacó que esta era una «victoria de la democracia, y también de
mi gran compañero López Obrador», en referencia a la histórica
elección en México. Miguel Díaz-Canel, presidente de Cuba,
deseó lo mejor a la aspirante del partido guinda. Una felicitación
que resaltó en las redes sociales fue la del presidente de Ucrania,
Volodímir Zelenski, quien publicó un mensaje especial en tres idiomas distintos para celebrar la victoria de la presidenta electa de
México.

Pero el mensaje que verdaderamente importaba lo había recibido la noche anterior, justo cuando celebraba con entusiasmo y
aplausos la obtención de esta sorprendente victoria en el «cuarto
de guerra», con seguidores y dirigentes de la alianza de Morena, PT
y Verde, minutos después de haber sido difundidos los resultados
oficiales. Súbitamente, en una pantalla apareció López Obrador para enviar unas palabras de felicitación a quien será su sucesora y próxima
dirigente del país: «Con todo mi afecto y respeto, felicito a Claudia
Sheinbaum, quien resultó triunfadora en esta contienda con amplio
margen. Va a ser la primera mujer presidenta en 200 años». Destacó con satisfacción que Claudia será la presidenta electa con más
votos obtenidos en la historia de la nación, aun cuando eso significaba que había superado los que él mismo había obtenido seis
años antes. El orgullo del tutor.

Cuando acabó el mensaje presidencial, entró al salón Claudia
Sheinbaum, la niña que creció escuchando sobre el movimiento
del 68 en la mesa de su casa, la joven que aprendió a tocar ins-

trumentos musicales tradicionales, la mujer que no abandonó su activismo en ningún momento de su vida y supo combinar ciencia y conciencia social toda su vida, la supersecretaria, la jefa de Gobierno, la madre y abuela, y vinieron los gritos de todos:

—¡Presidenta, presidenta!

15

UN BOTE PRONTO
(NO NECESARIAMENTE
EL CUESTIONARIO PROUST)

Este cuestionario debe su nombre originalmente a Marcel Proust, el extraordinario escritor francés, quien en 1890 se sometió en la adolescencia a una veintena de preguntas y respuestas rápidas propuestas por una amiga. Veinte años después, repitió la experiencia en una versión expandida de las preguntas originales. Desde entonces, adquirió vida propia y se ha convertido en un recurso utilizado con frecuencia en entrevistas y perfiles; particularmente célebres los publicados en *Vanity Fair* en Estados Unidos y los de Bernard Pivot, el legendario entrevistador francés del programa *Apostrophes*. Claudia Sheinbaum nunca ha respondido puntualmente al cuestionario Proust como tal; pero a lo largo de su trayectoria, y sobre todo en el contexto de las numerosas entrevistas concedidas a propósito de las campañas electorales, quedaron registrados algunos intercambios telegráficos significativos. Esta es una selección.

¿Cuál es tu idea de la felicidad perfecta?
Pasarla en familia. Ver crecer a Pablo, mi nieto.[1]

¿Qué te gustaba hacer de niña en tus ratos libres?
Tocar la guitarra, el bombo argentino, *ballet*.[2]

¿Quién te inculcó la pasión por la Física?
Mi hermano mayor, Julio Sheinbaum Pardo.[3]

Si pudieras elegir en qué reencarnar, ¿qué serías?

Si no hubiera sido jefa de Gobierno o física, hubiera sido maestra de preescolar.[4]

¿Cuál es la cualidad que más admiras de las mujeres?

Haber tomado el destino en nuestras manos.[5]

¿A qué figura femenina admiras más?

A mi madre, Annie Pardo Cemo.[6]

¿Cómo te defines?

Mujer, abuela, madre, científica.[7]

¿Cuál es tu lema?

No llegué sola: llegamos todas.[8]

¿La flor que más te gusta?

Me gustan muchas, pero mi marido Jesús me regaló hace un tiempo unas orquídeas.[9]

¿Quién es tu artista favorito?

Pedro Infante.[10]

¿Quiénes son tus escritores favoritos?

Gabriel García Márquez, Henning Mankell, Laura Restrepo, Isabel Allende, Elena Poniatowska y J. M. Coetzee.[11]

¿Con cuál personaje histórico te sientes más identificada?

Con Nelson Mandela.[12]

¿Y alguien vivo?

Es un honor estar con Obrador.[13]

¿Qué o quién es el gran amor de su vida?
Mi patria, mi pueblo.[14]

¿A qué hora te despiertas normalmente?
Algunos días a las 4 a. m. y otros a las 5 a. m.[15]

¿Qué es lo que más detestas?
Las imágenes de los bombardeos del Estado israelí en Gaza... Nada, nada, nada, puede justificar el asesinato de un niño.[16]

¿Alguna vez fumaste marihuana?
Cuando era joven, sí, alguna vez.[17]

¿Tienes tatuajes?
Una flor en el tobillo y tres mariposas en la espalda que representan a mi hijo, a mi hija y a mí.[18]

¿Cuál es tu canción favorita?
«Gracias a la vida», de Mercedes Sosa.[19]

¿Y tu canción favorita «de señora»?
«Mentiras», de Daniela Romo.[20]

¿Tu equipo favorito?
Los Pumas de la UNAM.[21]

¿Color favorito?
Guinda.[22]

¿Perros o gatos?
Perros.[23]

¿Team frío o team calor?
    Frío.[24]

¿Tacos o tortas?
    Tacos, al pastor.[25]

¿Salsa verde o salsa roja?
    Salsa verde.[26]

Si fueras un tamal, ¿de qué sabor serías?
    Verde, de pollo.[27]

¿Fruta favorita?
    Mango.[28]

¿Cuál es tu gusto culposo?
    El pastel[29] y el helado de chocolate.[30]

¿Qué superpoder te gustaría tener?
    Lectura superrápida.[31]

¿Ciudad favorita?
    Ciudad de México.[32]

¿Dónde te gustaría vivir?
    En México, los hermosos paisajes de nuestro país los podemos encontrar en cada rincón.[33]

16

LOS RETOS

¿Qué podemos esperar de la presidencia de Claudia Shein-baum?, ¿cuál será su «estilo personal» de gobernar? ¿La primera mujer al mando resultará la presidenta que el país necesita?, ¿estará a la altura de los retos que México enfrenta?

No siempre la trayectoria previa de un funcionario público o de un personaje constituye una pauta fiel de lo que pueda esperarse una vez convertido en soberano. La historia ofrece ejemplos en uno y otro sentido, algunos inesperados. Nadie podía adivinar que la tímida y poco carismática Angela Merkel, que llegó al poder en Alemania, de rebote y de manera aparentemente provisional, gobernaría con pulso firme durante 16 años. En sentido contrario, el mundo esperaba mucho de Barack Obama, quien, sin ser un mal presidente, estuvo muy por debajo de las enormes expectativas generadas por su arribo a la Casa Blanca. Es famosa la frase de Gustavo Díaz Ordaz, profundamente arrepentido de haber entregado la silla presidencial a «un pendejo». ¿Y qué habría dado Carlos Salinas a cambio de descifrar en el horóscopo de un tímido y sumiso Ernesto Zedillo el temperamento que lo llevaría a meter en prisión a su hermano Raúl?

La experiencia de Sheinbaum como secretaria de Medio Ambiente en el entonces Distrito Federal, delegada en Tlalpan y jefa de Gobierno de la Ciudad de México es una ventana que permite asomarse a medias a una habitación. Se ve y no se ve. Se atisba, apenas, lo que podríamos esperar en el sexenio que arranca.

La visión es incompleta por muchas razones. Primero, porque el verdadero talante de un funcionario público se muestra, de manera cabal, hasta el momento en que ya no está subordinado a la línea política o administrativa definida por otro. Segundo, porque el poder mismo transforma a las personas, y no necesariamente de manera peyorativa o corruptora. Saber que cada decisión que se tome ahora puede modificar la vida de millones de personas constituye una responsabilidad que cambia a cualquier ser humano.

El estilo personal de gobernar

Las convicciones pueden ser las mismas o muy similares entre el presidente que se va y la presidenta que llega. Uno es el líder del movimiento que fundaron juntos; la otra, la segunda en importancia y sucesora por derecho propio. Pero los estilos personales de gobernar son notoriamente distintos. Y no es poca cosa para los destinos de un país, como tuvo a bien mostrar Daniel Cosío Villegas, hace ya muchas décadas. ¿Cuánto pesarán tales diferencias? Probablemente te mucho.

Si el hombre o la mujer es «su circunstancia», como decía Ortega y Gasset, hablaríamos de realidades muy distintas. López Obrador procede del Tabasco rural, de un medio con fuerte influencia campirana y tradicional, en el que la política giraba en torno al PRI, y su vida transcurrió en la oposición y con frecuencia victimizada por el sistema. Sheinbaum proviene de un entorno intelectual universitario de clase media, cosmopolita, moderno y esencialmente urbano, y el referente político en el que creció fue la izquierda y la crítica al PRI.

Generacionalmente, entre López Obrador y Claudia Sheinbaum hay una distancia de diez años; pero, por origen y trayectoria, pertenecen a otro universo. A diferencia del líder del movimiento, la presidenta privilegia una aproximación a los temas en términos menos intuitivos e ideológicos y más técnicos. Ha vivido y tomado cursos en el extranjero, maneja con fluidez otros idiomas (muy bien el inglés, algo el francés); pertenece a una clase media urbana moderna. En estricto sentido, en contraste con López Obrador, que nació y creció políticamente como un opositor, la vida profesional de ella ha transcurrido casi en partes iguales entre la ciencia y la administración pública.

El motor de ambos es la lucha por una sociedad más justa para los marginados y dejados atrás, pero con matices importantes. La agenda de López Obrador privilegia esencialmente los agravios hacia ese México profundo, las urgencias de los sectores populares. La agenda de Sheinbaum incorpora las reivindicaciones de una izquierda más moderna, que incluye también a los otros marginados, los temas de género, el medio ambiente. Otra vez, no son excluyentes, pero sí hay notorios énfasis.

La otra gran diferencia en lo que podría ser el estilo de gobernar de cada uno remite a temas de carácter, de personalidad. También son muy distintos. López Obrador parece estar hecho para la arena pública: predicador, guía, orador carismático y emotivo, mediático y dicharachero, constructor de expectativas y esperanzas. Sheinbaum ha mejorado en estos temas tras la experiencia de la larga campaña, pero claramente no es su fuerte. Mientras que López Obrador es el líder opositor idóneo (de alguna manera lo siguió siendo como presidente), Sheinbaum es probablemente el mejor cuadro que tiene México en la alta administración pública: una CEO de la cosa pública y con conciencia social. Izquierda con Excel, lo he descrito en otros textos.

En alguna ocasión, al ser interrogada sobre su principal característica como funcionaria pública, se describió como alguien que toma decisiones basadas en datos; prácticamente una definición de lo que es el pensamiento racional. López Obrador toma tales decisiones preferentemente a partir de sus convicciones políticas y sociales. Desde luego, hablo de meros énfasis, porque no se trata de posiciones excluyentes. El presidente podrá ser un idealista, pero ningún político conoce mejor el territorio y a sus habitantes como él. Son convicciones que parten y se nutren del conocimiento profundo de esa realidad. De igual forma, la presidenta podrá ser un cuadro profesional excepcional de la administración pública, pero lo es a partir de su deseo de hacer una diferencia a favor de una sociedad más justa, sana e igualitaria.

Tras seis años en el poder, hemos sido testigos de la manera en que las características de López Obrador se han convertido en un estilo personal de gobernar. ¿Cómo será el de Claudia Sheinbaum?, ¿cuán eficaz, rigurosa, tolerante y autocrítica será su gestión?

Su amiga y asesora Diana Alarcón le ha preguntado por qué se somete «a esto tan duro de la política». Y siempre le responde lo mismo: «por responsabilidad, porque es lo que toca». Para alguien como ella, entrar a la política no fue una elección en busca de poder o un patrimonio, sino por una convicción y el deber ser. «Por eso es que la gente ve que puede confiar en ella, que no va a robar, que hará lo mejor que puede; porque ella no busca el poder por el poder, sino porque tiene un sentido de responsabilidad frente a su sociedad», señala Alarcón en una nota del corresponsal de la BBC. «Es tímida, por eso puede pasar por seria, pero una vez que te sientas con ella, es cálida, chistosa y empática».

Según una decena de voces recogidas por Zedryk Raziel, publicadas en el diario *El País*, entre amigos personales, colaboradores, biógrafos y un político con el que durante años tuvo una tensa relación:

En la toma de decisiones, hace acopio de los datos que le aporta su equipo, escucha con atención, y solo hasta después resuelve, sin precipitarse: se puede debatir con ella, y ella puede cambiar de postura, pero cuando toma una determinación, lo hace con firmeza; perfeccionista como es, delega tareas en sus colaboradores, pero da seguimiento a su trabajo y lo supervisa hasta el final; es reflexiva, se toma el tiempo para responder; puntualiza pero debate con respeto, no somete a las personas a su alrededor. Como adversaria, es generosa y no guarda rencor; cuando traspasa la barrera de lo estrictamente profesional en su círculo de trabajo, muestra calidez, preocupación por los otros y se entrega a los abrazos y el humor.

En el mismo texto, Arturo Chávez, amigo de Sheinbaum de la época universitaria y colaborador en su cuarto de guerra, señala que:

Es una mujer perfeccionista. Yo le he organizado varios eventos. Todo el mundo me felicita, pero ella me habla para decirme cuáles son los errores del evento: "Oye, faltó esto. No organizaste esto. Este detalle se te fue". Te habla inmediatamente y te lo dice. Tú no los viste; ella sí los vio. Tiene una capacidad para escanear. Tú obsérvala en un evento público. Ella escanea todo. Y al final te lo dice, para que el siguiente evento salga mejor.

Renata Turrent, quien formó parte de la campaña de la morenista, afirma lo siguiente:

Chiquita, flaquita como la ves, nada más de pura presencia, con el lenguaje corporal, causa muchísima autoridad, porque es muy seria, muy reflexiva. He visto discusiones donde hay personas con opiniones distintas, pero nunca me ha tocado ver que alguien dispute su autoridad. Siempre hay muchísimo respeto a su investidura por parte de todos sus colaboradores, y eso se construye. Esa legitimidad no es gratuita. Ella se la ha ganado.

«Es perfectamente compatible ser una persona implacable, en términos de claridad de lo que se tiene que hacer, y, al mismo tiempo, ser una persona muy cálida», finaliza Pepe Merino, colaborador desde hace años y titular de lo que será la Nueva Agencia de Transformación Digital.

A principios de 2024, escribí un texto titulado las «Cuatro Claudias» para dar cuenta de las fases inevitables que exigen los procesos electorales y la transición. No es lo mismo la candidata en precampaña que lucha por el voto entre las filas morenistas que la candidata en campaña en busca del voto a mar abierto. Tampoco es lo mismo la prudencia que debe mostrar una presidenta electa, tan cerca y tan lejos de la silla presidencial, que el desempeño de un soberano en plenas funciones y en control del poder. Además, podemos suponer que no es igual el periodo de los primeros 12 o 18 meses, aún en fase de transición, que los ajustes de gabinete que el presidente puede realizar más adelante, ya avanzado el sexenio, en pleno «vuelo crucero».

En ese sentido, tengo la impresión de que muchos se han quedado con la imagen de la primera etapa de Claudia Sheinbaum. No es que se trate de una falsa imagen, pero resulta parcial y, por ende, distorsionada, ya que responde a un énfasis derivado de las exigencias de una precampaña. Frente al obradorismo, nada ha sido más efectivo que asegurarse de encarnar la versión más cercana a la personalidad del líder. Por lo tanto, es evidente que la estrategia de Claudia consistió en reproducir y secundar los embates de López Obrador en la arena pública, denostar a los enemigos del presidente y responder a quienes lo criticaban. Podemos estar de acuerdo o no con tal estrategia; sin embargo, hay que reconocer que fue muy efectiva para influir en la intención de voto. Con esto no quiero decir que Sheinbaum no coincida con muchos de los puntos de vista de López Obrador, aunque las necesidades de una presidencia y las de una precampaña no son iguales. Los principios y las convicciones de Claudia y las del presidente no difieren en lo sustancial, pero la manera de aterrizarlas necesariamente será distinta.

Un país diferente

Incluso López Obrador ha señalado que la situación en 2024 es muy distinta a la de 2018. Es decir, no solo se trata de que el presidente y Claudia Sheinbaum tengan personalidades distintas y trayectorias contrastantes, como se ha descrito; también habrán comenzado su sexenio con un panorama político y económico diferente. Una razón más para que el llamado «segundo piso» de la 4T tenga un trazo con marcados contrastes e intensidades respecto a su predecesor. El propio presidente lo asumió así desde hace tiempo: a lo largo de los últimos dos años, ha mencionado que su relevo tendría una concepción más moderna, sería menos beligerante e imprimiría un giro hacia el centro político. «Continuidad con cambio», fue la frase con la que quiso definir lo que habría de venir.

Y en efecto, López Obrador tuvo el enorme mérito de hacer un viraje en la ruta en la que se encontraba México, sujeto en las últimas décadas a un modelo orientado a la prosperidad del tercio superior de la pirámide social, condenando a los sectores populares a un relativo abandono. Una ruta imposible de sostener indefinidamente sin generar inestabilidad o, lo que al final sucedió en 2018, una inconformidad masiva que optó por la búsqueda de un cambio a través de las urnas. El problema es que las mayorías votaron, pero solo cambió el Poder Ejecutivo y parcialmente el Legislativo. El resto de los poderes fácticos se mantuvieron incólumes y, con ello, su apoyo al modelo anterior.

En tales condiciones, el giro de timón por parte del presidente significó abrir brecha en campo abierto. Un sendero que fue tallado en buena medida a tirones y jalones, con resistencia y zancadillas, a ratos con dentelladas. No fue elegante ni tuvo nada de terso, pero resultó histórico. Al final, consiguió una ruta que permite incorporar al sistema intereses de los sectores populares de manera orgánica. Pero aún es precario e incompleto, como toda obra negra de un edificio. Ahora le corresponde a Claudia Sheinbaum levantar paredes, introducir ventanas y pulir pisos para hacer la obra más habitable, eficaz y luminosa. Esto no significa modificar el diseño original, pero requerirá de otros materiales y de herramientas más sutiles; menos albañilería y más diseño de interiores, por decirlo de alguna manera.

El gobierno de Claudia deberá continuar y terminar el Tren Maya, el tren Toluca-México, desarrollar el proyecto transístmico, brindar internet para todos, consolidar la red de bancos del Bienestar, lograr la soberanía energética recién comenzada, conseguir la salud universal prometida o las derramas sociales, entre otras muchas tareas en proceso. No obstante, también hay una constelación de retos y desafíos, nuevos o tan antiguos como el país, que ya no pueden seguir esperando. El costo de seguir «pateando el bote» en temas como la inseguridad pública, las paraestatales deficitarias, la corrupción endémica, el descrédito de los tribunales o la penuria de un crecimiento económico podría traducirse en facturas políticas crecientemente impagables. A la larga, eso podría sentar los gérmenes de la pérdida de popularidad de Morena o poner en riesgo la continuidad del proyecto.

Esos podrían ser los principales retos para el gobierno de Claudia Sheinbaum. Empecemos por el dinero.

El dinero

No será fácil. El gobierno de Andrés Manuel López Obrador deja a Claudia Sheinbaum logros sustanciales en varias materias; cimientos para seguir construyendo, afianzando y mejorando. Pero el tema del dinero no será uno de ellos. Por el contrario, en términos financieros su herencia es una pradera encendida.

El presidente recurrió a una estrategia que solo puede usarse una vez: buscó hacer una derrama sustancial en favor de los de abajo sin quitarle a los de arriba. Para financiarlo, no acudió a los mecanismos tradicionales con los que un gobierno popular se hace de recursos: no endeudó al país, no echó a andar la maquinita del dinero (lo cual habría provocado inflación), ni introdujo una reforma fiscal para aumentar la recaudación. ¿Qué hizo entonces para financiar los megaproyectos y, sobre todo, la enorme derrama que representan los programas sociales? Esencialmente, el gobierno se comió a sí mismo. La 4T aprovechó todos los guardaditos, derroches y excesos; fondos de reserva, gastos y sueldos de burócratas —austeridad draconiana— en varios sectores. En una palabra, consumió la grasa acumulada a lo largo de décadas.

Pero ese modelo es irrepetible. Ni siquiera es conveniente conservarlo mucho tiempo. Se redujeron plazas y se disminuyeron los salarios, pero también se afectaron partidas destinadas al mantenimiento, prevención y renovación de equipos. Hay muchos aspectos en los que la administración pública mejoró con el cambio de régimen, pero hay otros en los que el presupuesto ha tocado hueso, y se nota. Claramente, es visible en ciencia, tecnología, cultura, educación, deporte y muchos renglones de la inversión pública que escapan a los megaproyectos y prioridades de Palacio Nacional.

Tampoco ayuda a Claudia que en su último año López Obrador haya roto la disciplina fiscal que se había autoimpuesto y decidiera ampliar el gasto por encima de los ingresos, con cargo al endeudamiento. Entendible ya que necesitaba acelerar la conclusión de sus proyectos. Pero también era un cartucho de un solo uso, porque el Gobierno mexicano no puede reincidir sin que ello provoque cambios en la calificación crediticia internacional, inestabilidad financiera y cargas futuras en el pago de intereses. En ese sentido, el sexenio de Claudia Sheinbaum nace con la obligación de enviar una señal de prudencia y sujetar su gasto a los límites de sus ingresos corrientes. Enorme desafío para quien, al mismo tiempo, debe responder a las muchas expectativas que genera ser la primera presidenta mujer y liderar el llamado «segundo piso» de la 4T.

En suma, el modelo financiero de López Obrador no puede ser replicado ni continuado. Sin embargo, lo que sí persiste son los compromisos sociales ya contraídos: una derrama de casi 700 000 millones de pesos anuales, a los que se pretende añadir algunas decenas más por la ampliación de beneficios anunciados y las nuevas promesas en vivienda y educación, entre otras.

El futuro gabinete económico se hace ascuas para resolver la cuadratura de este círculo. Por un lado, se habla de que harán un recorte adicional al gasto público de aproximadamente 600 000 millones de pesos, para afrontar las nuevas cargas. Pero no está claro en dónde podrían hacerse tales recortes si consideramos que la «cobija», hoy mismo, ya resulta insuficiente para cubrir las responsabilidades del Estado con mínimos de eficiencia. Hay una apuesta importante en las estrategias de digitalización y reducción de trámites y procesos, y eso podría adelgazar salarios y gastos de diversa índole. Pero aún no han trascendido los detalles de estos programas de modernización administrativa, lo cual dificulta valorar la magnitud real de los ahorros previsibles.

Por consiguiente, queda aún menos claro de dónde podrían generarse ingresos adicionales. El gobierno de López Obrador consiguió aumentar la recaudación gracias al combate a la evasión y la eliminación del *outsourcing*. Aunque parecería que los futuros avances en este concepto serían marginales sin una reforma fiscal de por medio.

Sheinbaum ha dicho que no habrá aumento de impuestos, siguiendo la pauta establecida por López Obrador. No obstante, recientemente añadió un complemento que no debe pasar inadvertido: «no se está pensando en una reforma fiscal por el momento», lo cual podría interpretarse como una especie de «pero no lo descartamos más adelante». Se especula que el equipo de transición ha estado trabajando en opciones de misceláneas fiscales que permitan nuevos renglones de recaudación sin la necesidad de una reforma «oficial»: una especie de reforma fiscal sin que lo parezca.

El primer año de un nuevo gobierno nunca es sencillo. Por lo general, se alcanzan ritmos de crecimiento discretos, cuando los hay;

a menudo, se trata del peor año del sexenio. En parte, esto es resultado de la lenta activación de la inversión y el gasto público, reflejo del reacomodo de criterios y del ajuste del equipo entrante a sus nuevas responsabilidades. También es consecuencia de la cautela de los actores económicos, quienes prefieren esperar la dirección de los nuevos vientos antes de tomar decisiones de inversión importantes.

Sheinbaum ha tratado de minimizar esta «merma» sexenal mediante una agilización de los procesos de transición, de tal manera que la maquinaria de su gobierno arranque plenamente aceitada. No es casual que su gabinete económico haya sido anunciado con tanta antelación, o que el secretario de Hacienda se haya quedado, al menos para el primer tramo sexenal. Son visibles también las múltiples señales enviadas a los mercados financieros y a los círculos empresariales para generar confianza y minimizar el *impasse* económico que caracteriza a los primeros meses.

Son tareas necesarias, pero ciertamente se requerirá mucho más que eso para conseguir los recursos a fin de cubrir las obligaciones sociales ya contraídas y los nuevos proyectos de inversión. La situación exigirá un pequeño milagro que pondrá a prueba al nuevo gobierno y mostrará de qué está hecha la presidenta y su equipo de trabajo.

Los empresarios, el largo, sinuoso y necesario camino

México no ha encontrado una fórmula para crecer con el ritmo y la calidad necesaria de cara a sus problemas ancestrales: inseguridad, pobreza, desigualdad y corrupción. En el fondo, se trata de la vieja contradicción entre enfatizar las posibilidades de crecimiento o prestar atención a la necesidad de distribución. A estas alturas, se trata de una falsa contradicción. Crecer sin mejorar la distribución genera inestabilidad política y —ya vimos— alternancia en el poder y exigencias de cambio; del otro lado, distribuir sin crecer simplemente supone el reparto de la miseria. La cuestión es cómo conseguir las dos cosas: potenciar la economía y mejorar el impacto social de dicha expansión.

El hecho de que vivamos en una sociedad de mercado, donde el sector privado es responsable del 75% de la producción, deja en claro que tal equilibrio es imposible de alcanzar sin el pleno involucramiento de los pequeños, medianos y grandes empresarios. No se logró completamente en el sexenio que termina, y es evidente que Sheinbaum intentará conseguirlo con un nuevo enfoque.

En este sentido tiene una ventaja. El voto masivo en favor de Morena en 2018 y 2024 hizo evidente a las fuerzas económicas que la nueva fuerza política llegó para quedarse, al menos otro sexenio. Las élites económicas no pueden seguir pensando que es posible conservar indefinidamente un modelo que genera su prosperidad (de ellos y de quienes los rodean) pero mantiene estancada la movilidad social y las condiciones de vida de la mitad de los habitantes y de buena parte del territorio. La debacle del PAN y del PRI hace evidente que, ante la exigencia de los sectores populares, no hay una opción política que compita con el grupo que hoy gobierna. El sentido práctico de los empresarios los haría más que receptivos ante una propuesta política, por parte del nuevo gobierno, que haga viable su participación en el México que siga.

Segundo, me parece que Claudia Sheinbaum ha enviado señales evidentes de que esa propuesta se está diseñando. Podría ser la que están esperando o no, pero los puentes se están construyendo: los diversos mensajes de la presidenta a los mercados financieros y su preocupación por la estabilidad, las reuniones con el sector privado en cada gira y, sobre todo, la composición de un gabinete plural, profesional y no doctrinario, particularmente en su núcleo económico, Rogelio Ramírez de la O en la Secretaría de Hacienda, Marcelo Ebrard en Economía y Luz Elena González en Energía. Y algo mucho más significativo es el anuncio de la creación de un Consejo

Asesor Empresarial coordinado por Altagracia Gómez, una joven y brillante empresaria, hija del propietario de Minsa, asesora de Sheinbaum desde hace tiempo. Todo indica que, a diferencia del Consejo formado por López Obrador y del efímero paso de Alfonso Romo en el Gabinete anterior, esta vez se trata de un puente real, capaz de redefinir una nueva relación con el sector privado.

En suma, me parece que las dos partes, gobierno entrante y empresarios (con todo y su diversidad), cada vez están más conscientes de que se necesitan mutuamente, entre otras razones, porque el sexenio que termina hizo evidente la imposibilidad de caminar separados por mucho tiempo.

Antes de López Obrador hubo un mejor entendimiento entre los poderes político y económico. Pero esto se debe, en gran medida, a la renuncia por parte de los políticos a garantizar la responsabilidad del Estado como contrapeso de los desequilibrios provocados por las fuerzas del mercado. El Estado abdicó en gran medida de su función social y subordinó la política a los intereses inmediatos de la economía de mercado. Por desgracia, no conseguimos ni una cosa ni otra: ni a expandir la economía ni a mejorar las condiciones de vida de los más desfavorecidos. Durante 18 años (de 2000 a 2018), crecimos a una tasa de 2% promedio anual. Es cierto que el tercio superior de la población experimentó una prosperidad relevante con la globalización, pero lograrlo con tasas de crecimiento tan débiles significó que la situación de la mitad o más de los habitantes se estancara o retrocediera.

López Obrador puso en marcha políticas destinadas a mejorar el poder adquisitivo de la población, pero a un costo significativo en términos económicos debido a la distancia tomada respecto a quienes generan la inversión privada. Durante su sexenio, el PIB habrá crecido apenas a un promedio anual del 1%, en gran parte debido a la pandemia, pero también a un ambiente de negocios tenso, resultado de los desencuentros entre el Gobierno y el sector privado.

Ninguna derrama social es suficiente si no se logra una multiplicación masiva de empleos dignos. El Gobierno debe asumir que la mayor parte de este esfuerzo recae en el sector privado, le guste o no. Se necesitan, pues. Pero es más fácil decirlo que asumir las consecuencias. No se trata de que Claudia Sheinbaum gestione «un corrimiento hacia el centro» porque, visto así, se pone en riesgo el mayor activo con el que contarían en este momento quienes dirigen los destinos de nuestro país, tanto en su esfera política como en la económica: el apoyo popular del que goza el gobierno. Es un activo con el que las élites dirigentes no contaron durante las últimas décadas (brevemente con Vicente Fox, pero rápidamente desperdiciado por la ausencia de una visión de Estado).

En este sentido, el apoyo del que goza Claudia Sheinbaum es un bono político fundamental a fin de remover los obstáculos que se necesitaría para crecer de manera sustantiva. En efecto, muchos de esos obstáculos residen en el sector público, en la burocracia, en las filas sindicales o en el reciente protagonismo de los militares. Pero muchos otros se encuentran en los propios poderes fácticos: legislaciones bancarias abusivas, gremios y estamentos acostumbrados a los privilegios (jueces y notarios), canonjías fiscales para los poderosos, abusos de monopolios y trasnacionales habituadas a la expoliación, corrupción y un largo etcétera.

Nada de eso desaparecerá de inmediato. Pero existe la posibilidad de que la maduración de las dos partes —un corrimiento hacia el centro tanto del sector público como del sector privado—, aunado al bono político que representa el apoyo popular, constituya una oportunidad para encontrar una fórmula de crecimiento sostenido y más sano algo que perdimos hace mucho, si es que alguna vez lo tuvimos.

El apoyo popular

La buena noticia es que Claudia Sheinbaum no es Andrés Manuel López Obrador; la mala noticia es que Claudia Sheinbaum no es Andrés Manuel López Obrador. Una frase que sintetiza el desafío que afrontará la presidenta en materia política. Por un lado, será más fácil para Sheinbaum comenzar la tarea de «despolarizar» la atmósfera económica para propiciar las condiciones de inversión y crecimiento que el país necesita. Pero hacerlo sin perder apoyo popular será todo un reto.

Hace seis años el presidente asumió que los grupos de poder opondrían resistencia a los cambios y entendió que su único apoyo real frente a ellos residía en mantener viva una relación emocional y militante con los sectores populares. Pero eso implicó, entre otras cosas, un discurso diario intenso y beligerante. Logró su cometido: cerró el sexenio con altos niveles de aprobación y consiguió consolidar su movimiento en el poder durante seis años más. Desde luego, no se debe exclusivamente a su discurso o a su carisma, porque la mayoría de la legitimación de Morena pasa por las políticas públicas y las reformas que mejoraron el poder adquisitivo de aquellos sectores. No obstante, el discurso polarizante fue fundamental, aunque a costa de generar crispación con algunos actores económicos.

La 4T necesita activar la inversión pública y privada de manera urgente, lo cual requerirá la construcción de nuevos puentes (no como los del pasado, basados en privilegios), para generar una atmósfera de negocios propicia para la creación de empleos dignos. La actitud sosegada y racional, que deriva de su vocación científica y sus dotes para la administración pública y no para la arena política incendiaria, hace de Sheinbaum una mandataria idónea para esa tarea. Su gabinete y actitud lo confirman, y esa es una buena noticia.

La mala noticia es que seguirá necesitando el apoyo popular que la figura y el discurso de López Obrador garantizaban. Sin duda, mantendrá durante un buen trecho el bono de confianza de los muchos que votaron por ella. Pero no hay que olvidar que el arribo al poder del obradorismo se debió al malestar de las mayorías ante la situación en el país. En 2018, exigieron un cambio y, de alguna manera, López Obrador consiguió mantenerse en el ámbito de las expectativas gracias a las medidas que tomó y a sus atributos personales.

Pero no será fácil mantener vigentes estas expectativas. Por un lado, porque los beneficios obtenidos (derrama social, incremento en el salario y otras), con el paso del tiempo, se convierten en ventajas asumidas, «naturales» en la percepción de los ciudadanos. Y considerando las numerosas necesidades pendientes, las expectativas simplemente se desplazan a la siguiente frontera, a la siguiente batería de aspiraciones. La legitimación es una dimensión frágil, caprichosa y, en ocasiones, efímera. Para conservar vigente esa legitimidad, el gobierno de Sheinbaum necesitará resultados tangibles en el primer tramo de su sexenio.

Por otro lado, resultados y percepción de los resultados no siempre son lo mismo. Una de las pesadillas de Joe Biden, además de su fecha de caducidad biológica, ha sido que el favorable comportamiento de la economía estadounidense no ha influido en el ánimo de los votantes por alguna razón, muchos de los cuales están convencidos de lo contrario. López Obrador fue un mago en ese aspecto. Ofreció resultados, sin duda, pero incluso si estos quedaron por debajo de las expectativas, los sectores populares se mantuvieron convencidos de que por primera vez había un presidente que hablaba en su nombre y desde sus agravios. No solo mantuvo el apoyo popular, lo incrementó. La pregunta es ¿cuánto durará eso y hasta qué punto está asociado a la figura, el discurso y la trayectoria de López Obrador?

Lo sabremos muy pronto. Pero es evidente que el carisma y la conexión de López Obrador con las masas es irreproducible e intransferible. En todo caso, la arenga política y el vínculo «personal» y emocional con el pueblo no son los principales atributos de la nueva presidenta. Se trata de una figura extraordinariamente capaz para las tareas de la administración pública, las reuniones de trabajo en corto, la planeación, evaluación y seguimiento; no tanto para encender a las masas o arrastrar multitudes, aunque haya mejorado durante la campaña.

El próximo gobierno estará obligado a trabajar en tareas estratégicas de largo plazo para resolver los problemas ancestrales del país, pero al mismo tiempo tendrá que acometer otras acciones que ofrezcan resultados «puente», a corto plazo, que respondan a algunas de las expectativas en materia de seguridad, empleo, ingresos y acceso a servicios públicos durante el primer tramo del sexenio.

Claudia Sheinbaum tampoco podrá recurrir al recurso de exacerbar el malestar de las mayorías en contra de las élites o de los conservadores, porque es evidente que los necesita para la activación económica, la relocalización y los grandes proyectos estratégicos en los que está pensando. Se trata de un desafío que su gobierno tendrá que afrontar con inteligencia, estrategia y enorme sensibilidad. El apoyo popular y la legitimidad deberán ganarse por otras vías, porque no serán automáticos.

Rebelión en la granja

El riesgo es real. Tras una presidencia tan poderosa como la de Andrés Manuel López Obrador, fundador y líder absoluto de su movimiento, los actores políticos contemplan el cambio de sexenio como una oportunidad para ampliar el margen de su poder. Prácticamente, es una ley de la física que Claudia Sheinbaum no ignora. Gobernadores, coordinadores del poder legislativo y judicial, líderes sindicales, militares, dirigencias de partidos, empresarios, por no hablar de los núcleos obradoristas duros que intentarán imponer condiciones, y un largo etcétera. O como decía un viejo conocido: «Yo empujo y sigo empujando mientras sienta blandito; me paro cuando se percibe más duro».

No fue mucho lo que pudieron empujar en este sexenio, hay que decirlo. Pero buscarán hacerlo en el nuevo sexenio. A partir de octubre, todos ellos intentarán impulsar sus agendas, a veces en una dirección favorable para la presidenta y otras en una dirección contraria. Gestionar todo eso requerirá una enorme claridad y habilidad política para no dañar la capacidad de conducción de la próxima mandataria.

El desafío político tiene varias vertientes. Además de la construcción de una legitimidad popular, como se ha descrito antes, la otra parte tiene que ver con la eficacia política para sacar adelante una agenda en medio de muchos y muy poderosos protagonistas. Los gobiernos eficaces no son aquellos que se arropan en sus buenos deseos, sino los que tienen la capacidad de hacerlos efectivos en medio de un mar de obstáculos y resistencias. Y como los soberanos hace tiempo dejaron de ser absolutos, esa capacidad depende de la habilidad política para negociar, convencer, doblegar y anticiparse al resto de los involucrados.

Preocupan, en particular, las corrientes radicales del propio obradorismo. Podemos dar por descontado que habrá núcleos de la izquierda que asumirán que no se les ha dado la importancia que merecen en la composición del nuevo gobierno. Tampoco la tuvieron con López Obrador, dicho sea de paso, pero la popularidad del presidente y su liderazgo absoluto inhibieron la expresión de cualquier disidencia. Por lo demás, el discurso beligerante de las «mañaneras» a lo largo del sexenio habría dificultado una crítica verosímil por parte de los llamados radicales, aunque esto podría cambiar. Algunos se adjudicarán el papel de cancerberos del verdadero obradorismo y vigilarán con celo cualquier signo que denote moderación o conciliación con «los conservadores». Los más querellosos podrían incluso plantearlo en términos de una traición a sus convicciones y principios. Se requerirá mucha mano izquierda para que tales brotes no trasminen las bases del movimiento. La figura de

López Obrador no hará más que crecer en el imaginario de los sectores populares, lo cual beneficiará —pero no necesariamente— a Claudia Sheinbaum. ¿Fortalecerá el movimiento? Sí, pero al mismo tiempo puede ser explotado para mostrar el contraste real o supuesto entre la actual líder y el que ya está en el panteón de la historia. Nadie está a la altura de una leyenda y menos si hay quienes intentan explotarla en contra de quien debe enfrentar el presente.

Machismo

Y luego está el tema de la misoginia. Los mexicanos estaban listos para llevar a una mujer a la silla presidencial. Lo demuestra el hecho de que una decena de entidades están presididas por mujeres, sin que se vea menoscabada la gobernabilidad local, así como la presencia de ellas en los cargos titulares del Poder Judicial y de los organismos electorales. Resulta revelador que las candidatas de las dos grandes fuerzas políticas hayan sido mujeres.

Así pues, la posibilidad de una presidenta constituye en sí mismo un avance sustancial para la vida pública del país en muchos sentidos, pero lo será cabalmente si somos conscientes de las implicaciones. Los generales de división no están acostumbrados, los hombres fuertes regionales y los grandes empresarios tampoco, y de los líderes sindicales con secretarias de estilo «buchonas» mejor ni hablar.

En México, el éxito de algunas mujeres en la política ha residido en proyectar una imagen de dureza para compensar el riesgo de la supuesta fragilidad que les atribuye la cultura machista. Este es el caso de la maestra Elba Esther Gordillo y de otras mujeres que, a su vez, se han convertido en «machos alfa» para poder competir con sus pares. Por desgracia, son conversiones que terminan por lastrar el verdadero beneficio de contar con la perspectiva y sensibilidad de una mujer en la conducción de un proyecto. Las memorias de

Margaret Thatcher, la Dama de Hierro, muestran que su imagen, en efecto, derivaba de su determinación, pero también de la necesidad consciente de proyectar de manera deliberada una firmeza intransigente frente a los machos que la rodeaban. Hillary Clinton consintió que sus colaboradores le construyeran una imagen de dureza para aspirar a la presidencia de Estados Unidos. Nada que no pueda resolver Claudia Sheinbaum —me parece—, pero exige una estrategia al respecto. Al menos, es necesario ser conscientes de que hay una factura a pagar. Lo que en un presidente puede ser considerado como una actitud conciliatoria y tolerante, en una mandataria podría interpretarse como un rasgo de debilidad, si así interesa a sus detractores.

Todos estos retos dependerán del oficio del equipo político que ha formado la presidenta y de su capacidad para construir puentes y espacios de negociación con el resto de los actores políticos y económicos del país. Ante el destacado peso que tiene el gabinete económico, el brazo político no parece tener la misma envergadura. Lo sabremos con el transcurso de los meses.

En un escenario positivo, Claudia Sheinbaum podría convertirse en la presidenta innovadora y moderna que requiere el cambio progresista en México: una dirigente de aprendizaje rápido, estudiosa y empapada en los problemas, honesta y muy laboriosa. Si resuelve este desafío, se convertirá en la primera mandataria del país que no esté aquejada por el autoritarismo machista que ha caracterizado a nuestros líderes.

Pemex y CFE

Es sintomático que Luz Elena González Escobar, la mujer de toda la confianza de Claudia Sheinbaum en materia de finanzas, vaya a ocuparse de la gestión energética. Se especulaba que la extesorera del Gobierno de la Ciudad de México sería destinada al SAT o a una de las subsecretarías de Hacienda, e incluso como posible remplazo del titular de la dependencia, Ramírez de la O. Su nombramiento como nueva secretaria de Energía parecería expresar el deseo de someter a las dos grandes paraestatales a una disciplina financiera más firme y a una mayor coordinación entre sí. La estrecha cercanía con la presidenta supone una intervención directa de su parte y un giro a favor de las energías limpias. González no es ajena al tema, pues coordinó el proyecto de paneles fotovoltaicos en la Central de Abastos de la CDMX, pero obviamente dista de ser experta.

El problema de la Secretaría de Energía es otro. Desde su creación en 1982, aunque solo a partir de 1994 opera con ese nombre, ha desempeñado un papel bastante incómodo: formalmente conduce la política energética del país, algo que, en realidad, es determinado por las acciones de los dos gigantes, Pemex y la CFE. Ambas habían sido dirigidas por una especie de virrey, poco menos que autónomo, que ha gozado de una relación directa con el presidente. En este sexenio, López Obrador le asignó a Rocío Nahle, la titular de esta dependencia, la construcción de la refinería de Dos Bocas, algo que le otorgó un protagonismo inusual, pero no en la gestión del sector.

Claudia Sheinbaum se dispone a aplicar una cirugía mayor, como podría esperarse de su larga trayectoria en este campo. Hace 30 años, en su tesis doctoral, ella anticipó un argumento que las tendencias actuales han confirmado: la separación drástica entre la industria petrolera y la eléctrica es arbitraria; el enfoque debería privilegiar no la fuente de generación de energía, ahora dividida en Pemex y CFE, sino el destino. Pero esto entraña una convergencia inevitable, por ejemplo: el litio debe ser extraído del subsuelo, como el petróleo, pero sirve como insumo de baterías para el consumo eléctrico, responsabilidad de la CFE; los nuevos autos se cargarán a través del sistema de CFE y no en las gasolineras de Pemex; los gasoductos son insumo para las plantas hidroeléctricas (CFE) y las refinerías (Pemex), etcétera.

Las implicaciones prácticas están a la vista: convertir a la Secretaría en el verdadero eje rector, pese a quien le pese. Un enfoque que contemple el conjunto de las necesidades de energía en el país y determine la manera más eficiente y económica de producirla, procesarla y distribuirla, independientemente de que se trate de combustibles fósiles, plantas hidroeléctricas, solares, eólicas, nucleares, etc. A una racionalidad económica y financiera habría que añadir los otros criterios en juego: soberanía nacional, prioridades medioambientales, implicaciones para el gasto de los consumidores, desarrollo y equilibrio regional. Se trata de un cambio tendencial, no categórico, pero inevitable.

La designación de los titulares de CFE y Pemex confirma la velocidad que la presidenta quiere imprimir a este proceso de convergencia. Los cuadros designados, sólidos y técnicos en sus respectivas áreas, con perfil más propio de un subsecretario que de pesos pesados de la política, deberían interpretarse como un espaldarazo a esta visión y al futuro protagonismo de la secretaria de Energía.

Sin embargo, las realidades de la política no siempre coinciden con lo que en papel es más conveniente. Aunque no por las mismas razones, los dos gigantes de la energía de México, Pemex y CFE, representan un enorme desafío para el gobierno entrante. Las dos empresas afrontan una delicada situación porque están a medio camino de un ambicioso rescate por parte del gobierno de la 4T, tras el profundo desmantelamiento a que las habían condenado los gobiernos neoliberales.

La situación de las dos empresas públicas es distinta. El problema con Pemex es de carácter financiero y productivo, mientras que con la CFE es de naturaleza jurídica. En el caso de Pemex, el dolor de cabeza reside en su delicada situación financiera y en la necesidad de que sus plantas de refinación dejen de ser barriles sin fondo. Para la CFE, en cambio, con mucho mejor desempeño tecnológico y financiero, el desafío consiste en la preocupante dependencia del gas estadounidense, que es necesario para el funcionamiento de sus plantas hidroeléctricas (más de 60% de la generación de energía). Y, peor aún, las leoninas imposiciones legales la convierten en rehén del sector privado y la condenan a una sangría interminable debido a los subsidios disfrazados que otorgan a los particulares.

Pemex

De entrada, habría que decir que Pemex ha sido el blanco preferido de los críticos de la 4T con propósitos políticos y propagandísticos, a veces con razón y muchas sin ella. Convendría separar la espuma malintencionada de la realidad.

En los gobiernos anteriores, se abandonaron las refinerías y la petroquímica, y nos hicimos dependientes de la gasolina y el diésel extranjeros. No se necesita ser experto para entender que eso equivale a vender aguacates a un precio y comprar guacamole a otro más alto. A partir de 2015, México se volvió deficitario y la brecha se fue ampliando en los siguientes años. En 2023 exportamos petróleo por 33 000 millones de dólares, pero compramos al extranjero 52 000 millones de derivados de petróleo: un boquete de 19 000 millones anuales. ¿Cómo explicar eso en un país con riqueza petrolera? Los yacimientos habían menguado, es cierto, pero siguen siendo superiores a las necesidades de México. El problema ha sido el modelo depredador e irresponsable del pasado.

Con la globalización, se sostenía que la interdependencia era el mejor arreglo posible: que cada cual produjera lo que le salía mejor y comprara en el extranjero todo lo demás, para ponerlo en los términos más simples posibles. Pero luego resultó que, ante cualquier crisis, los países productores se manejan con el consabido «cada uno se rasca con sus uñas». El desabasto de fertilizantes, los cortes del suministro de gas, la monopolización de vacunas o el acaparamiento de combustibles están a la vista. México opera desde hace años con reservas de gasolina (importada), equivalentes al consumo de 10 días, y dependemos de otros países para no quedar paralizados. El gobierno de la 4T decidió, al igual que muchas otras naciones tras los excesos de la globalización, que, frente a la crisis ambiental, las incidencias geopolíticas y hasta el eventual estado de ánimo de un presidente como Trump, estábamos obligados a adoptar criterios de seguridad nacional en áreas estratégicas. La energía es la primera de ellas.

Pemex está haciendo lo necesario para conseguir la autonomía en refinación, eliminar la producción del tóxico combustóleo (para eso son las coquizadoras en proceso de rehabilitación o construcción) y dejar de comprar fertilizantes en el extranjero. El esfuerzo ha sido enorme, pero se está consiguiendo. En algún momento de 2025, dejaremos de importar gasolinas. En mayo de este año, por vez primera desde agosto de 2014, el país registró un mes con saldo positivo en la balanza comercial petrolera con el resto del mundo. Fue momentáneo, pero el próximo año podría ser sistemático. Quizá México no vuelva a ser exportador (adiós a los 33 000 millones de dólares que ingresan por petróleo, pero también adiós al grueso de esos 52 000 millones que pagamos para adquirir derivados).

Todo eso se ha conseguido sin endeudamiento adicional. Los críticos hacen sorna de la brutal deuda de Pemex: 106 000 millones de dólares, pero no se menciona el hecho de que el gobierno de Peña Nieto la entregó con un endeudamiento de 129 000 millones, lo cual significa una reducción de casi la quinta parte en seis años. En buena medida, eso se ha logrado con un sacrificio por parte de Hacienda, pues redujo el impuesto que les aplicaba a los ingresos de Pemex del 65 a solo el 30%, además del apoyo para el pago del endeudamiento (cuando la deuda se paga «desde» el Gobierno federal, la tasa es menor, porque el país tiene mejor calificación que Pemex).

No obstante, hay una crítica justificada en contra de la paraestatal: el enorme costo de operación de la filial Pemex Transformación Industrial, responsable de la refinación y producción de derivados. Desde hace lustros, la refinación opera con pérdidas, pero a partir de la puesta en marcha de plantas que habían sido abandonadas, los números rojos se dispararon a un promedio de 10 000 millones de dólares anuales los primeros tres años del sexenio. En 2023, se redujo el boquete a 3 000 millones de dólares, pero ha vuelto a crecer y en 2024 alcanzará la peor cifra de la historia. De continuar esa tendencia, la situación de Pemex sería insostenible. No está claro cuánto de estos números rojos en la operación de las refinerías es transitorio, debido a que se encuentra en etapa de rehabilitación; cuánto es fruto del apresuramiento por cumplir «a cualquier costo» las metas de producción en el último año de López Obrador, y cuánto se debe a deficiencias estructurales dentro de Pemex.

CFE

Los problemas de la CFE son diferentes. Su situación financiera es mejor y la operación de la empresa se ha saneado significativamente. Pero legalmente opera en un campo minado. La profunda reforma de Peña Nieto, de carácter constitucional, convirtió a la paraestatal en un tapete para favorecer la inversión privada y las utilidades de los particulares. La CFE fue obligada a dar preferencia a la producción de otros, a asumir el pago de consumos garantizados a estos oferentes, y a aportar la enorme infraestructura de transmisión y distribución construida en décadas, en condiciones subsidiadas. De haber continuado la tendencia en curso, al final del sexenio, la paraestatal habría sido responsable apenas del 16% de la generación de electricidad en el país.

El gobierno de la 4T revirtió la tendencia, hizo las inversiones necesarias y mejoró procesos y operaciones para alcanzar una proporción cercana al 54% de la producción y garantizar así objetivos de soberanía nacional y protección del poder adquisitivo de los consumidores. Pero lo ha hecho a través de leyes secundarias, debido a su imposibilidad de modificar las leyes constitucionales. El resultado es una permanente batalla legal entre demandas y contrademandas, decisiones judiciales polémicas de uno y otro lado, y apelaciones interminables, producto de los muchos limbos que provoca el desempate entre las leyes generales y las particulares. Una guerra de trincheras que a la larga dificulta el desarrollo del sector frente a la enorme exigencia de los próximos años.

Más allá de la polémica que pueda generar la larga trayectoria de Manuel Bartlett, el hecho es que la piel curtida, el oficio de alguien cuya carrera política está más allá del bien y del mal, ha sido clave para resistir no solo las enormes presiones, sino también para operar en las aguas empantanadas de esta situación jurídica y conseguir sus objetivos pese a todo. No está claro si la nueva directora o la próxima secretaria de Energía podrán o querrán bregar en esos términos. Si se lo propone la nueva mayoría legislativa, la 4T podría modificar la Constitución y vencer de cuajo las resistencias. Eso resolvería el problema político y jurídico, pero no el económico: las necesidades del *nearshoring* y los nuevos parques industriales exigen una fortaleza energética mucho mayor que la actual. Hacerlo unilateralmente sería un camino pedregoso tratándose de una actividad partida prácticamente en dos mitades, entre el sector público y el privado.

La estrategia nacional más sana residiría en desarrollar el potencial pleno de las dos mitades. El verdadero reto para Sheinbaum y Luz Elena González consistirá en alcanzar un cambio constitucional negociado con todas las partes, capaz de detonar el crecimiento económico sin sacrificar los objetivos sociales y soberanos. La pregunta de fondo es si los mencionados hasta ahora tendrán esa capacidad política.

¿Será un problema el ejército?

¿Claudia Sheinbaum tiene motivos para preocuparse por el protagonismo que las fuerzas armadas han adquirido en el Gobierno? ¿Pueden ser un factor de resistencia a los proyectos de cambio de la presidenta en comparación con lo realizado el sexenio anterior?

¿Podrían ejercer presiones para seguir aumentando su área de influencia en la administración pública?

Tengo la impresión de que la mayor parte de las respuestas a estas preguntas sería menos alarmante de lo que podría pensarse. Desde luego que es amenazante la presencia de un estamento vertical, gremial y que goza del monopolio de la fuerza física, para cualquier proceso democrático, de modernización de la administración pública o de filiación progresista y de izquierda.

Andrés Manuel López Obrador, contra todo pronóstico, convirtió a los militares en uno de sus principales aliados para impulsar su agenda de cambios y superar resistencias. Me parece que algunas de las razones que obedecieron a esta inesperada relación siguen vigentes. En particular, todo lo que tiene que ver con la obra pública. Los militares se desempeñaron como constructores extraordinariamente eficaces tanto en tiempo como en costos en los megaproyectos del gobierno obradorista. Desde aeropuertos hasta el Tren Maya, pasando por la construcción de bancos del Bienestar, carreteras, cuarteles de la GN, clínicas y hospitales, acueductos, puentes internacionales y un significativo etcétera. Más de 3 000 obras de infraestructura de diversa índole. Un inventario que habría sido imposible sin el apoyo castrense.

Para ser realistas, constituye un aporte imprescindible para los proyectos de Claudia Sheinbaum, aunque, desde luego, hay inconvenientes. De entrada, una inevitable opacidad, parte de la cual es incluso involuntaria, ya que forma parte de la cultura, la verticalidad y la secrecía que, por razones naturales, envuelven los actos y procedimientos de las fuerzas armadas de cualquier país. Pero en ocasiones es una opacidad deliberada cuando se trata de proyectos de construcción que generan morbo o críticas por parte de los medios o de adversarios políticos. Los generales suelen echar mano del recurso de reserva de información por motivos de seguridad nacional con relativa facilidad, entre otras razones, porque la ley se los permite. Igualmente habría que decir que han existido suficientes casos de irregularidades para asumir que son vulnerables a la corrupción.

Sin embargo, también es necesario reconocer que los montos y las frecuencias son menores en comparación con los escándalos y prácticas nocivas de la obra pública contratada con particulares en otras administraciones.

En suma, la participación de los militares en la obra pública seguirá, sin duda. Y es obvio que este protagonismo tiene un correlato económico y político, pues se traduce en poder y capacidad de negociación, por donde se le mire. No puede ser de otra manera si las grandes constructoras y sus dueños entienden que los contratos también dependen de una buena relación con los generales. El poder no es una cosa abstracta, deriva del valor que los actores políticos y económicos perciben entre sí.

El problema para Claudia con el ejército podría surgir no tanto por el desempeño de los militares como constructores, sino en su papel como administradores y como policías. Actualmente, las fuerzas armadas regentean el Tren Maya, incluyendo servicios turísticos en la península de Yucatán e Islas Marías, la aerolínea Mexicana de Aviación, aeropuertos, puertos y aduanas, entre otras cosas. No necesariamente se trata de peores administradores que los funcionarios civiles, pero tampoco es que sean mejores, o no siempre. El problema es el siguiente: cuando un civil no tiene un desempeño satisfactorio, puede ser removido discrecionalmente por el presidente o el secretario del ramo, pero resulta mucho más complicado cuando se trata de un alto oficial del ejército. Para empezar, porque fincar responsabilidades a un militar es interpretado por los suyos como un agravio a las fuerzas armadas en su conjunto. También porque los criterios de valoración administrativa de un funcionario militar se cruzan con méritos vinculados con la lealtad, la disciplina y los intereses puntuales de una institución que también maneja su propia agenda.

Si algún diagnóstico del gobierno de Sheinbaum concluye que el control de las aduanas por parte de la Secretaría de Marina o el manejo de los recursos turísticos por parte de la Defensa no es el más afortunado para efectos de rentabilidad o gestión empresarial, por ejemplo, no será fácil negociar con los generales la devolución de esas tareas a la administración civil. Y no se trata necesariamente de que hayan fallado, sino de temas de visión empresarial y servicio público moderno. El riesgo de tener a los militares como empresarios es doble: por un lado, al estar involucrados en tantas áreas, pueden operar con transferencias horizontales que distorsionen la valoración real de su desempeño en una tarea. La segunda es que introducen una competencia desleal con los particulares. Tal es el caso de la hotelería en la península de Yucatán, la gestión de algunos aeropuertos y, notablemente, de la aerolínea Mexicana de Aviación. Esta merece una mención aparte.

Mexicana compite con otras aerolíneas nacionales que intentan sobrevivir en condiciones de enorme vulnerabilidad por los vaivenes de la economía o las fluctuaciones en el costo de los combustibles. No les será fácil disputarle los pasajeros a una empresa ostensiblemente subsidiada y cuyo patrón es, al mismo tiempo, el que regentea aeropuertos, tarifas y *slots* de salida. Puede entenderse que el Estado participe en el mercado frente a necesidades que no son cubiertas por las compañías que están operando, por ejemplo, para llevar internet a zonas aisladas. Pero considerando las muchas necesidades pendientes, no hay ninguna razón para utilizar el presupuesto para competir con empresas ya establecidas. Tal es el caso del transporte aéreo de pasajeros. En el fondo, es una transferencia a sectores medios y altos (boletos subsidiados) en detrimento a los sectores que menos tienen: la mitad de los mexicanos nunca han utilizado un avión. Mexicana puede convertirse en un boquete para el erario o en una empresa que ponga de rodillas a otras, ¿quién será el valiente que se las quite a los militares?

Por último, el difícil dilema del uso de los militares en la seguridad pública durante el próximo sexenio. Pero este es un tema aparte.

El crimen organizado

Puede tener razón López Obrador cuando afirma que el número de asesinatos ha descendido alrededor del 20% respecto al país que recibió o que los secuestros son menos de la mitad. Pero, del otro lado, hay muchas evidencias de que la extorsión y los asaltos en carreteras se han acentuado; sobre todo, queda la sensación de que el control de los territorios por parte de las bandas criminales se ha hecho absoluto en algunos bolsones de la geografía nacional. En partes del sureste se ha retrocedido, en Guanajuato y Morelos también; en actividades como la producción del aguacate o del limón el crimen organizado se ha consolidado como un nuevo agente económico.

Más allá de los aciertos y desaciertos de la 4T en materia de seguridad pública, es evidente que se trata de una de las prioridades para los ciudadanos. Pensar en el desarrollo de muchas regiones y atraer cuantiosas inversiones es impensable sin un ambiente de paz y seguridad que hoy no existe.

No se trata de un fracaso de la 4T, o no exclusivamente, sino del Estado mexicano a lo largo de décadas. El problema es que seguir «pateando el bote» hacia adelante sin resolverlo pasa una factura cada vez más costosa debido a la sofisticación que adquieren los criminales, el control que ejercen sobre las regiones, su intervención en los comicios, un poderoso vecino exasperado y la presión de los ciudadanos por el efecto acumulado de tantos años de inseguridad. En suma, la factura política y económica que ahora recibiría Claudia Sheinbaum en caso de seguir pateando ese «bote» es más alta que la de sus predecesores.

¿Cuál es el panorama que afrontará para intentar responder a este desafío? Primero, un antecedente clave. Sheinbaum recibe el gobierno con un activo que no tuvieron sus antecesores: una Guardia Nacional de 130 000 elementos y varios cientos de cuarteles distribuidos a lo largo de todo el país. Se trata de una infraestructura que requirió cinco años y un ingente presupuesto.

En realidad, existe una estrategia de «pinzas», o de dos ejes, que intentó López Obrador a lo largo de su sexenio, aunque no haya querido describirla así. Por un lado, al percatarse de que el Estado mexicano simplemente no tenía la capacidad de fuego para enfrentarse al crimen organizado, ni el despliegue necesario para recuperar los territorios perdidos, decidió construir la infraestructura para que su sucesor tuviera al menos la fuerza para responder a ese desafío: una red logística de 520 cuarteles y 170 000 efectos desplegados con entrenamiento militar. Es un esfuerzo aún inconcluso, pero muy avanzado.

La otra parte de la pinza consistió en una tregua para ganar tiempo, la famosa cruzada de «Abrazos, no balazos». Una optimista convocatoria a los criminales para que se limitaran a los «territorios» conquistados y no siguieran avanzando mientras construía el ejército para combatirlos, por así decirlo. La GN iría desplegándose, pero sin combatir (hasta que estuviera completa), con la esperanza de que su mera presencia inhibiera a los criminales. Hoy está claro que no funcionó y que el adversario aprovechó el *impasse* para crecer.

No obstante, habría que reconocer que, una vez completado, el proyecto de la GN es una opción que permitiría al Estado mexicano emprender, por vez primera, «la ofensiva» con ciertas posibilidades de éxito, hablando estrictamente en términos de capacidad de fuego. La pregunta de fondo es saber si, para la estrategia que Claudia está pensando, esto será de ayuda o todo lo contrario.

Como es sabido, Sheinbaum privilegió otro enfoque durante su gestión como jefa de Gobierno en la capital. Instrumentado a través de Omar García Harfuch, un criminalista profesional y poco afín a la solución militarista favorecida por el presidente, se optó por una estrategia policiaca, basada en la inteligencia, la investigación y el uso de tecnología. El nombramiento de Harfuch como responsable de la Seguridad Pública apuntaría a la continuación de esa línea durante los próximos seis años. Habría que recordar el silencio que durante toda la campaña guardó Claudia sobre la iniciativa de López Obrador de colocar a la GN bajo la tutela formal del ejército, una iniciativa que requiere mayoría constitucional y, en principio, fue rechazada por el Congreso. Con la nueva mayoría calificada que adquirieron Morena y sus aliados, el gobierno de la 4T está en condiciones de imponerla.[1] Pero no estaba claro si Sheinbaum querría impulsar esta medida una vez que tomara posesión. Fue en el contexto de las giras al lado de López Obrador, y ya como presidenta electa, que decidió anunciar su apoyo a esta iniciativa del mandatario. ¿Negociación, acto de cortesía, petición presidencial, cambió de convicción?

Lo único claro es que Sheinbaum mantendrá la parte de la estrategia que busca combatir las causas y en eso tiene plena coincidencia con López Obrador: creación de oportunidades para los jóvenes, impulso de zonas deprimidas, campaña de prevención del consumo de drogas, apoyo a madres solteras y otra batería de medidas. Pero, obviamente, se trata de soluciones de impacto a largo plazo.

A corto y mediano plazo, necesitará resultados mucho más palpables de cara a la impaciencia interna y externa que crece. Hay una cuenta regresiva que nos acerca lentamente al punto en el que los Bukeles y otras versiones de mano dura comiencen a ser irresistibles para muchos votantes. Esperemos que el «segundo piso» de la 4T tenga respuestas antes de llegar a eso.

La corrupción

Hay un desafío que cruza a toda la agenda de pendientes descritos en las páginas anteriores, porque su mera presencia magnifica los problemas e impide salir de ellos: la corrupción. Mientras exista de manera tan flagrante es poco lo que puede hacerse en contra del crimen organizado o por la recaudación fiscal que necesita México, el saneamiento de las finanzas públicas, la optimización de los programas sociales, la justicia social, el Estado de derecho, la eficiencia de la administración pública, etcétera.

Fue una de las más reiteradas promesas de López Obrador como candidato, pero es evidente que el avance es menor. Se suponía que la corrupción iba a ser barrida como las escaleras desde arriba hacia abajo, pero nunca apareció la escoba. Me parece que la combinación de tres factores impidió emprender esta tarea en el gobierno de la 4T: primero, por alguna razón el presidente asumió que la mera llegada al poder de un movimiento moralmente superior, dedicado al bien de los pobres, se traduciría en automático en mejores prácticas de parte de todos sus integrantes. De entrada, ya era demasiado pedir, pero creerlo así cuando buena parte de los nombramientos fueron asumidos por priistas de conversión oportunista y de último momento, resultó ingenuo. Segundo, otras prioridades, en particular el combate a la pobreza, postergaron muchas tareas, entre ellas ésta. Y tercero, el pulso narrativo y mediático en contra de los «conservadores y la prensa amarillista», inhibieron la autocrítica respecto a toda práctica indebida por parte del gobierno, porque ello implicaba dar «municiones al enemigo».

Es un signo alentador que el equipo de Claudia Sheinbaum haya dedicado meses de trabajo y una sesión durante la campaña para exponer un proyecto para combatir la corrupción. En ese momento se encontraba en plena campaña para atraer el voto de los ciudadanos; Sheinbaum señaló que la honestidad del presidente no bastaba para corregir el problema, que la corrupción era un cáncer en México y requería de una cirugía mayor.

Justo fue lo que Javier Corral expuso en aquella sesión; habló explícitamente no de una estrategia de Gobierno, sino de una política de Estado. Implicaba, dijo, a los tres niveles (Federal, Estatal y Municipal) y los tres poderes (Ejecutivo, Judicial y Legislativo). Esto supondría un acuerdo nacional que involucra al resto de los partidos políticos, a ministros y legisladores, a gobernadores y alcaldes y, en última instancia, a ciudadanos, opinión pública y élites. Habló incluso de la creación de una todopoderosa Agencia Federal Anticorrupción.

Cabría preguntarse ¿cuánto de eso se pondrá en marcha en este sexenio? No está claro. En aquella ocasión tras las palabras de Corral, la entonces candidata fue mucho más cauta. Ella se limitó a hablar de aquello que era parte de sus atribuciones. Marcó tres prioridades: *1)* Cuidar los nombramientos y candidatos para evitar que reputaciones dudosas o procedencias políticas ilegítimas se cuelen en su gobierno. *2)* Simplificación administrativa para desregularizar la tramitología, buscar transparencia y la digitalización para impedir intervenciones arbitrarias y subjetivas de parte de funcionarios. *3)* Acuerdos e intercambios institucionales para compartir información que propicie la impunidad cero.

Congruente con lo anterior, ya como presidenta electa, anunció la designación de José Merino para hacerse cargo de la Agencia de Transformación Digital, que estará a cargo de esas tareas. La cercanía del funcionario con la presidenta y su designación prácticamente como un miembro más del gabinete, dan cuenta de la importancia estratégica de esta responsabilidad. Se trata de una herramienta útil en muchos sentidos, entre ellos el de la prevención de la corrupción. Pero no necesariamente un recurso para la investigación y persecución judicial de los delitos correspondientes.

Para ello se designó a Raquel Buenrostro en la Secretaría de la Función Pública. La estricta y disciplinada funcionaria que eficientó al SAT en este sexenio, constituye una buena señal. En cambio la posibilidad de crear la Agencia Federal Anticorrupción (AFA), o equivalente, no tiene buenos augurios en los términos en que la presentó Corral. La presidenta desea simplificar y concentrar las actividades del sector público en las anclas que constituyen las secretarías de estado. Eso implica atraer organismos que hoy operan dispersos y en paralelo. Crear una agencia más iría en sentido contrario a esa intención. Por lo demás, se entiende que justamente esa tarea correspondería a la SFP. Más aún, el nombre de la dependencia, «Función Pública», es un absurdo, porque toda la administración pública ya lo es. De allí la idea que ronda en el nuevo equipo de cambiar el título de la SFP a Secretaría contra la Corrupción o algo similar.

Ahora bien, un verdadero combate a la corrupción pisa muchos callos y enormes intereses. La factura política puede llegar a ser insoportable para un soberano. Implica afectar a aliados, a poderes fácticos con los que se están negociando aspectos clave para la estabilidad o el crecimiento, a exhibir las propias miserias y pasar vergüenzas cuando se tenga que procesar a colaboradores en falta. Combatir en verdad la corrupción va mucho más allá de nombramientos y del diseño de organismos eficientes. En el fondo dependerá de la voluntad presidencial para asumir todos estos costos, aguantar el chaparral y mostrar, tras décadas de anuncios y promesas, que ahora sí va en serio.

Donald Trump

El retiro de Joe Biden de la contienda por la presidencia de Estados Unidos hizo posible abrigar la esperanza de otro desenlace que no sea el triunfo de Donald Trump. Kamala Harris se presenta como la gran alternativa para imaginar un futuro distinto. Por desgracia, no es el escenario más probable. Lo sabremos pronto. Por ahora, tenemos que asumir que a partir del 20 de enero del próximo año Donald Trump será la contraparte de Claudia Sheinbaum durante los primeros cuatro años del sexenio, un enorme desafío, por donde se le mire.

En julio, la revista *The Economist* publicó un balance de lo que Trump planteó durante su campaña en 2016 y lo que luego hizo como presidente durante los siguientes cuatro años. El saldo es tranquilizante: mucho quedó en palabrería. Una parte se debió a la disfuncionalidad de su propio liderazgo para efectos operativos y estratégicos, y otra parte a los contrapesos que existen en la sociedad estadounidense. Llama la atención, en particular, los muchos intereses del gran capital a favor del tratado comercial y el temor de que una excesiva restricción a la mano de obra barata, representada por la migración, provoque un aumento en la inflación. No tienen ninguna objeción al discurso beligerante de Trump, pero sí mucho empeño para evitar que su aterrizaje a la realidad no afecte a sus intereses puntuales.

Sin embargo, hay varios factores que llevan a pensar que la segunda versión de Trump podría ser más dañina. Primero, porque llegaría con mayor fuerza de la que tuvo en su periodo 2017-2021. Por un lado, el trumpismo ha tomado el control del Partido Republicano de manera absoluta. Ya no hay figuras como la de John McCain que se atrevían a desafiarlo. Por otro, a un Congreso aún más favorable, se añadirá la complicidad del poder judicial, crecientemente conservador. Los republicanos mismos han experimentado un corrimiento hacia la derecha. Se ha instaurado una carga ideológica doctrinaria que, en ocasiones, eclipsa el realismo político y la preocupación por las necesidades del mercado que caracterizaban al Partido Republicano.

Segundo, porque el Trump que tomaría el poder en 2025 es distinto al de hace ocho años. La primera vez llegó a la Casa Blanca —tras una sucesión de triunfos inesperados— y asumió la presidencia con una idea más bien vaga de lo que quería hacer, además de un desconocimiento abismal de la administración pública. Recordemos que entró a la campaña —él mismo lo dijo— como una manera de hacer *branding* a la marca Trump, clave para sus negocios. Unos meses más tarde era presidente. Pero tras cuatro años en el poder, y otros cuatro para rumiar la experiencia, tiene más idea de lo que quiere hacer. No es que posea una estrategia definida, porque es un hombre invariablemente sacudido por el voluntarismo y la volubilidad del momento. Sin embargo, sus fobias y filias son más afinadas y tiene una mayor experiencia de cómo ponerlas en marcha.

Tercero, el cambio de interlocutor en nuestro país. Habría que cuidarse de exagerar el impacto de la supuesta amistad que lo ligaba con López Obrador. Pero, haya tenido mayores o menores consecuencias, el hecho es que ya no será un factor de apoyo en la relación entre Palacio Nacional y la Casa Blanca. En este sentido, no ayudará la conocida misoginia de Trump. Una reciente biografía sobre Angela Merkel describe los dolores de cabeza que le provocó el machismo del neoyorquino, quien invariablemente se relacionaba con ella con un sesgo de género. La trataba con la displicencia de quien solo reconoce a otro macho alfa, de ahí el vago respeto que le merecen hombres fuertes como Putin, Xi Jinping o Viktor Orbán, de Rusia, China y Hungría, respectivamente (o López Obrador, para el caso).

A las consabidas amenazas sobre migración y el muro fronterizo, acentuadas por la frustración de lo que no pudo conseguir en su primer intento, se añaden ahora la profundización de la rivalidad con China, al grado de comenzar a considerar el veto parcial o total incluso de todo lo que llegue a través de México, incluidas armadoras de automóviles. Eso reducirá el potencial de la relocalización que México espera. En particular, preocupan las señales de su deseo de revisar a fondo, en 2026, el TLCAN (o T-MEC como se le denomina desde 2020), cuando por estipulaciones contractuales deba ser valorado y ajustado.

El desafío para el gobierno de Claudia Sheinbaum es táctico y estratégico. Por un lado, cómo afrontar las coyunturas críticas puntuales que inevitablemente generarán decisiones y arrebatos de Trump. No será fácil replicar el espacio que López Obrador logró construir con su contraparte, que incluía la posibilidad de llamadas telefónicas personales y una actitud receptiva de parte del estadounidense. Se suponía que Marcelo Ebrard, próximo secretario de Economía, sería el enlace para todo lo relacionado con los temas comerciales, la relocalización y la inversión extranjera en México. Su nombramiento no fue pensado para que fungiera como interlocutor de Trump, entre otras razones, porque este solo interactúa con sus pares, y en muchos países ni siquiera eso. Aunque se asumía que sería nuestro operador con los cuadros de la próxima administración en estas materias. No está claro cómo quedará «su valor de cambio» frente a tales cuadros después de las declaraciones despectivas de Trump sobre su persona el 20 de julio de este año.

La posibilidad de resolver esas minicrisis con la Casa Blanca tendrá que recaer en la presidenta. En este sentido, será necesario reconocer la paciencia y habilidad que mostró López Obrador para nunca «engancharse» en las provocaciones de Trump. Será difícil encontrar el tono de equilibrio entre la dignidad y la prudencia para tratar con un buleador como él. Lo fácil sería envolverse en la bandera de la indignación, pero esto podría tener un alto costo para la situación económica de muchos mexicanos.

Y luego está la parte estratégica. Cómo construir una política exitosa de cabildeos en la opinión pública, la clase política y las redes de interés económico para que otros actores clave de la vida estadounidense presionen de manera directa o indirecta en favor de los temas que nos preocupan. Esperemos que el equipo de Sheinbaum considere una prioridad el diseño de esta estrategia, dado lo mucho que está en juego.

17

EL EQUIPO

Unamitas, capitalinos, profesionales experimentados, más técnicos que políticos, aunque estos en áreas clave, divididos en tres grupos: los del Gabinete del sexenio anterior, los del del exgobierno de la Ciudad de México y los refuerzos de otros ámbitos de la vida pública.

Las dos docenas de nombramientos muestran a un equipo que responde puntualmente a los desafíos que la presidenta prevé para el primer tramo de su sexenio: procurar la delicada transición entre un gobierno dirigido por el fundador del movimiento y el de su sucesora, sentar las bases del crecimiento, conjurar riesgos de inestabilidad económica y financiera, promover la modernización y la eficacia de la administración pública, atender los rezagos en salud y educación, ofrecer resultados claros ante la inseguridad, bregar con la probable y azarosa presidencia de Donald Trump e impulsar una agenda energética y climática propia.

Para eso está construido este Gabinete. Es un equipo con el cual la mandataria se siente cómoda. Algunos han querido ver la permanencia de varios cuadros del actual Gabinete como una extensión de la influencia de López Obrador. No es del todo así. Claudia Sheinbaum tuvo la enorme ventaja de hacer un «casting» tras la experiencia que otorgan seis años en el poder, algo de lo que careció López Obrador al arrancar su gobierno. El tabasqueño, quien venía de doce años de «exilio en el interior», se vio obligado a reclutar colaboradores de donde pudo y justificarlos con el comentado lema «90% honestidad, 10% experiencia». Claudia, por el contrario, pudo seleccionar su *dream team* a partir de los muchos cuadros que dejó el Gobierno federal y su propia gestión en la Ciudad de México. De entrada, en el gabinete de Sheinbaum no hay priistas y mucho menos panistas, como sí los hubo en el arranque del actual sexenio.

Del Gobierno federal actual repiten: Rosa Icela Vega (Gobernación), Marcelo Ebrard (Economía), Raquel Buenrostro (Función Pública), Alicia Bárcena (Semarnat), Ariadna Montiel (Bienestar), Marath Baruch (Trabajo), Rogelio Ramírez de la O (Hacienda) y Zoé Robledo (IMSS), aunque solo los últimos cuatro en la misma dependencia. En total, ocho de los aquí listados. Pero se equivocan quienes consideran que estos secretarios son «los hombres (y mujeres)» de López Obrador, portadores de una agenda predefinida o de plano «caballos de Troya enviados por el jefe». Claudia mantiene una relación cercana y de mucha confianza con varios de ellos desde hace años: Rosa Icela fue su secretaria de Gobierno durante casi dos años en la Ciudad de México, con Ariadna Montiel la une una amistad longeva, y con Alicia Bárcena comparte desde hace años complicidades derivadas de una preocupación por los temas ambientales. El joven Marath Baruch repite en Trabajo por la necesidad de seguir avanzando la profunda e impactante reforma laboral que se prevé de largo aliento. Raquel Buenrostro, conocida por su dedicación y disciplina prusiana, y por su exitoso paso por el SAT, constituía un cuadro demasiado valioso para la nueva administración pública como para ser desaprovechado. Rogelio Ramírez de la O en Hacienda y Marcelo Ebrard en Economía, lejos de representar una imposición, constituyen un recurso clave para el nuevo gobierno: otorgan una imagen de experiencia y capacidad de cara a la estabilidad y los desafíos por venir. Que se queden o no todo el sexenio dependerá de sus resultados y de la evolución de los acontecimientos.

Las plazas restantes son, en su mayoría, colaboradores de Sheinbaum, de muchos años o de incorporación reciente. Seis proceden de la experiencia en el Gobierno de la Ciudad de México: Luz Elena González extesorera, estará en Energía, Ernestina Godoy, exfiscal capitalina en Consejería Jurídica, Martí Batres exsecretario de Gobierno en el ISSSTE. Los otros tres prácticamente repiten en el mismo puesto, pero ahora en escala federal: Omar García Harfuch en Seguridad Pública; Jesús Esteva será titular de Comunicaciones y Transportes; y Claudia Curiel, de Cultura.

Otros son refuerzos que, si bien laboraron con López Obrador, habían dejado de hacerlo por una razón u otra: Lázaro Cárdenas será el nuevo jefe de Oficina de la Presidencia; Juan Ramón de la Fuente, canciller. Mario Delgado, expresidente de Morena, tampoco puede ser definido como un alfil de AMLO. Se ganó su designación en Educación tras los largos meses de campaña trabajando con Claudia y ganando su confianza.

Y finalmente están los nuevos fichajes reclutados de ámbitos profesionales y empresariales: David Kershenobich en Salud; Rosaura Ruiz pasó de la UNAM a la nueva Secretaría de Ciencia y Tecnología; Altagracia Gómez, empresaria, para coordinar las relaciones con sus pares; Julio Berdegué en Agricultura. Completan la lista Josefina Rodríguez, la nueva secretaria de Turismo, procedente del Gobierno de Tlaxcala; y Edna Elena Vega, subsecretaria en Desarrollo Agrario, promovida a titular de esta.

La mejor muestra de que se trata de un gabinete «claudista», por así decirlo, es el predominio de la UNAM, no solo la casa de estudios de la nueva presidenta, sino también el hábitat en el que transcurrió la mitad de su vida profesional. Trece de los aquí mencionados son unamitas y otros cuatro proceden de universidades públicas de la capital. Solo cinco cursaron su licenciatura en instituciones privadas (dos en el extranjero, otra en la Ibero y dos en el ITAM).

El predominio de los capitalinos también es abrumador: un contraste con la composición del actual Gabinete, mucho más diversificado regionalmente, explicable en un presidente tabasqueño. Catorce nacieron en Ciudad de México y los otros cuatro han sido defeños *de facto* desde su adolescencia o antes. Cabalmente, solo tres proceden de «fuera» de la capital: Altagracia Gómez, de Guadalajara; Josefina Rodríguez, de Tlaxcala; y Julio Berdegué, de Sinaloa, aunque nómada en el mundo.

La composición de edades es muy similar a la del actual Gabinete, con un promedio de alrededor de 58 años, aunque curiosamente con una enorme desviación respecto a ese promedio. Solo hay seis que están en sus 50, y otros cinco por debajo de eso, incluyendo los sorprendentes 32 de Altagracia y 38 de Marath en Trabajo. La otra mitad pasa de 60 años, de los cuales seis superan las siete décadas.

Pero un Gabinete, como cualquier grupo humano, se define tanto por los rasgos identitarios, por lo que son, como también, en gran medida, por lo que no son. En el gabinete de Sheinbaum no se advierten énfasis doctrinarios ni hay representantes de la izquierda histórica, las llamadas tribus, y mucho menos de los «radicales», obradoristas o de otra índole. Los únicos asociados a estas corrientes son Citlalli Hernández, que ocupará la nueva Secretaría de la Mujer, y el mencionado Martí Batres al ISSSTE. Ninguna de las dos dependencias es estratégica en la correlación de fuerzas del Gabinete. Todo indica que Claudia misma se reserva la tarea de portar el bastón de mando ideológico y ha privilegiado la selección de cuadros capaces de sacar adelante la tarea encomendada.

Un Gabinete profesional, plural, experimentado y balanceado; dos tercios de ellos identificados con el liderazgo de Sheinbaum. Esas son las certezas. Lo demás está por verse.

Presidencia de la República

Ernestina Godoy Ramos
Consejería Jurídica del Ejecutivo Federal

Ernestina Godoy es considerada una de las personas de mayor confianza de la presidenta de México. Como consejera Jurídica

GABINETE, PROCEDENCIA							
Secretaría	Nombramiento	Edad	Origen	Estudios Licenciatura	Maestría	Doctorado
Presidencia de la República	Claudia Sheinbaum Pardo	62	CDMX	Física / UNAM	Ing. de la Energía	Ingeniería ambiental / Berkeley
Consejería Jurídica del Ejecutivo Federal	Ernestina Godoy Ramos	70	CDMX	Derecho / UNAM		
Oficina de la Presidencia	Lázaro Cárdenas Batel	60	Michoacán	Etnohistoriador / ENAH		
Coordinación Consejo Asesor Empresarial	Altagracia Gómez Sierra	32	Jalisco	Derecho / Libre de Derecho	Estudios en Oxford Royale Academy y Harvard Business School	
Agencia de transformación Digital	José Antonio Peña Merino	50	CDMX	Ciencia Política y Relaciones Internacionales / CIDE	Especialidad en Economía Política y Metodología Cuantitativa	Ciencia Política / NYU
Gabinete Político						
Gobernación	Rosa Icela Rodríguez	65	SLP	Periodismo / E.P. Carlos Septién		
Relaciones Exteriores	Juan Ramón de la Fuente	73	CDMX	Médico Cirujano / UNAM	Psiquiatría / U. Minnesota	20 doctorados honoris causa
Función Pública	Raquel Buenrostro Sánchez	54	CDMX	Matemáticas / UNAM	Economía / Colmex	
Gabinete Seguridad						
Defensa Nacional						
Marina						
Seguridad y Protección Ciudadana	Omar Hamid García Harfuch	42	Morelos	Derecho / U. Intercontinental	Administración Pública / UVM	Seguridad / Harvard, FBI y DEA

SECRETARÍA	NOMBRAMIENTO	EDAD	ORIGEN	ESTUDIOS LICENCIATURA	MAESTRÍA	DOCTORADO
GABINETE ECONÓMICO						
Hacienda y Crédito Público	Rogelio Ramírez de la O	76	CDMX	Economía / UNAM		Economía / Cambridge
Economía	Marcelo Ebrard Casaubón	64	CDMX	Relaciones Internacionales / Colmex	Administración Pública / É.N.A.	
Energía	Luz Elena González Escobar	50	Tabasco	Economía / UNAM	Derecho Fiscal / Unitec	Maestría en Urbanismo / U. de Cataluña
Pemex	Víctor Rodríguez Padilla			Física / UNAM	Ingeniería Energética / UNAM	Economía de la Energía / U. Grenoble. Con Posdoctorados en Francia y Quebec
CFE	Emilia Esther Calleja Alor			Ingeniera Electrónica / Inst. Tec. Celaya	Alta Dirección / U. Coahuila	Especialidad en Administración y Gestión de Recursos
Infraestructura, Comunicaciones y Transportes	Jesús A. Esteva Medina	59	CDMX	Ingeniería Civil / UNAM	Estructuras / UNAM	
Trabajo y Previsión Social	Marath Baruch Bolaños López	38	México	Relaciones Internacionales / UNAM	Estudios Latinoamericanos / UNAM	
Agricultura y Desarrollo Rural	Julio Berdegué Sacristán	67	Sinaloa	Ciencias Agrarias / U. de Arizona	Agronomía / U. de California	Genética / U California y Ciencias Sociales / Wegeningen
Turismo	Josefina Rodríguez Zamora	35	Tlaxcala	Administración de Empresas / Ibero		
GABINETE SOCIAL						
Bienestar	Ariadna Montiel Reyes	50	CDMX	Truncos en Arquitectura / UNAM		
Medio Ambiente y Rec. Nat.	Alicia Bárcena Ibarra	72	CDMX	Biología / UNAM	Administración / Harvard	3 doctorados *honoris causa*

Cargo	Nombre	Edad	Estado	Formación	Formación	Formación
Educación Pública	Mario Delgado Carrillo	52	Colima	Economía / ITAM	Economía / Essex	
Salud	David Kershenobich Stalnikowitz	81	CDMX	Médico Cirujano / UNAM	Medicina Interna / Inst. Nal. De Ciencias Médicas	Medicina / U. de Londres
IMSS	Zoé Alejandro Robledo Aburto	45	Chiapas	Ciencias Políticas / ITAM	Derecho / UNAM	Estudios complementarios / U. Complutense / G. Washington U / JFK de Harvard
ISSSTE	Martí Batres Guadarrama	57	CDMX	Derecho / UNAM	Trabajo Social / Escuela Superior de Negocios y Leyes / UNAM	Diplomado en Gerencia Política y Opinión Pública / U. George Washington
IMSS – Bienestar	Alejandro Ernesto Svarch Pérez	35	CDMX	Médico Cirujano / UNAM	Salud Pública / Inst. Nal. de Salud Pública	Medicina Interna / UNAM
Desarrollo Agrario, Territorial y Urbano	Edna Elena Vega Rangel	62	CDMX	Sociología / UAM	Planeación Metropolitana / UAM	Sociología en Sociedad y Territorio / UAM
Ciencia, Humanidades, Tecnología e Innovación	Rosaura Ruíz Gutiérrez	74	CDMX	Ciencias Biológicas / UNAM	Ciencias Biológicas / UNAM	Post doctoral /U de California y U. del País Vasco
de la Mujer	Minerva Citlalli Hernández Mora	34	CDMX	Ciencias de la Comunicación / UNAM		
Cultura	Claudia Stella Curiel de Icaza	44	CDMX	Historia / UNAM	Especialidad en Educación Artística / Univ. McGill NY	

GABINETE, TRAYECTORIA POLÍTICA				
Secretaría	Nombramiento	Trabajo anterior	Trabajo sobresaliente	Partidos políticos
Presidencia de la República	Claudia Sheinbaum Pardo	Jefa de Gobierno CDMX	Jefa de Gobierno CDMX	PRD y Morena
Consejería Jurídica del Ejecutivo Federal	Ernestina Godoy Ramos	Fiscal General CDMX	Primera Fiscal General CDMX	PRD y Morena
Oficina de la Presidencia	Lázaro Cárdenas Batel	Coordinador de Asesores de AMLO	Gobernador de Michoacán	PRI, PRD, Morena
Coordinación Consejo Asesor Empresarial	Altagracia Gómez Sierra	Empresaria y Asesora	Presidenta de Grupo Empresarial de Occidente	Sin filiación partidista
Agencia de transformación Digital	José Antonio Peña Merino	Director de la Agencia de Innovación Pública de la CDMX	Director de la Agencia de Innovación Pública de la CDMX	Sin filiación partidista
Gabinete Político				
Gobernación	Rosa Icela Rodríguez	Secretaria de Seguridad y Protección Ciudadana	Secretaria de Seguridad y Protección Ciudadana	Morena
Relaciones Exteriores	Juan Ramón de la Fuente	Embajador Permanente de México en la ONU	Rector de la UNAM por 2 periodos consecutivos y Secretario de Salud	Sin filiación partidista
Función Pública	Raquel Buenrostro Sánchez	Secretaria de Economía	Sistema de Administración Tributaria	Sin filiación partidista
Gabinete Seguridad				
Defensa Nacional				
Marina				
Seguridad y Protección Ciudadana	Omar Hamid García Harfuch	Srio. de Seguridad y Protección Ciudadana CDMX	Srio. de Seguridad y Protección Ciudadana CDMX	Morena
Gabinete Económico				
Hacienda y Crédito Público	Rogelio Ramírez de la O	Director y dueño de Ecanal, S.A.	Asesoría en análisis macroeconómico a empresas multinacionales	PRD, Morena

		GABINETE ECONÓMICO		
Economía	Marcelo Ebrard Casaubón	Secretario de Relaciones Exteriores	Jefe de Gobierno CDMX 2006-2012	PRI, PVEM, PCD, PRD, MC, Morena
Energía	Luz Elena González Escobar	Secretaria de Finanzas CDMX	Secretaria de Finanzas CDMX	Sin filiación partidista
Pemex	Victor Rodríguez Padilla	Prof. Titular del Depto. de Sistemas Energéticos e Ingeniería. UNAM	Consultor de la Organización LatAm. de Energía e Iniciativa Climática	Sin filiación partidista
CFE	Emilia Esther Calleja Alor	Dir. Gral. Empresa Prod. Generación I	21 años dentro de la estructura de la CFE	Sin filiación partidista
Infraestructura, Comunicaciones y Transportes	Jesús A. Esteva Medina	Secretario de Obras y Servicios CDMX	Secretario de Obras y Servicios CDMX	Sin filiación partidista
Trabajo y Previsión Social	Marath Baruch Bolaños López	Secretario del Trabajo y Previsión Social	Secretario particular de Ebrard en Rel. Ext. 2018-2020	Morena
Agricultura y Desarrollo Rural	Julio Berdegué Sacristán	Representante de la ONU para AL de la FAO	Coord. de la Remis-Centro Latinoamericano y Rep de la FAO para AL	Sin filiación partidista
Turismo	Josefina Rodríguez Zamora	Restaurantera y Secretaria de Turismo de Tlaxcala	Secretaria de Turismo del Edo. de Tlaxcala	Sin filiación partidista
		GABINETE SOCIAL		
Bienestar	Ariadna Montiel Reyes	Secretaria de Bienestar Federal	Secretaria de Bienestar Federal	PRD, Morena
Medio Ambiente y Rec. Nat.	Alicia Bárcena Ibarra	Secretaria de Relaciones Exteriores	Sria. Ejec. CEPAL y Jefa de Gabinete de la ONU con Kofi Annan	Sin filiación partidista
Educación Pública	Mario Delgado Carrillo	Presidente de Morena	Secretario de Finanzas CDMX	PRD, Morena
Salud	David Kershenobich Stalnikowitz	Dir. Gral Inst. Nal. de Ciencias Médicas y Nutrición S. Zubirán	Estudios para revertir la cirrosis. Dir. de Investigación del Hosp. Gral.	Sin filiación partidista

GABINETE, TRAYECTORIA POLÍTICA

SECRETARÍA	NOMBRAMIENTO	TRABAJO ANTERIOR	TRABAJO SOBRESALIENTE	PARTIDOS POLÍTICOS
IMSS	Zoé Alejandro Robledo Aburto	Dir. Gral. del IMSS	Senador de la República	PRD, Morena
ISSSTE	Martí Batres Guadarrama	Jefe de Gobierno de la CDMX / Remplaza a C. Sheinbaum	Jefe de Gobierno de la CDMX como remplazo de C. Sheinbaum	PSUM, PMS, PRD y Morena
IMSS – Bienestar	Alejandro Ernesto Svarch Pérez	Director de Cofepris	Coordinador Nacional Médica / Sría. de Salud	Sin filiación partidista
Desarrollo Agrario, Territorial y Urbano	Edna Elena Vega Rangel	Subsecretaria de Ordenamiento Territorial y Agrario Federal	Dir. Gral. Comisión Nacional de Vivienda	Sin filiación partidista
Ciencia, Humanidades, Tecnología e Innovación	Rosaura Ruíz Gutiérrez	Sría. de Educación, Ciencia Tecnología e Innovación CDMX	Pdta. de la Academia Mexicana de la Ciencia y Dir. Fac. de Ciencias UNAM	Sin filiación partidista
de la Mujer	Minerva Citlali Hernández Mora	Secretaria General de Morena	Senadora por la CDMX	Morena
Cultura	Claudia Stella Curiel de Icaza	Secretaria de Cultura CDMX	Subdirectora Casa del Lago y de Música / UNAM	Sin filiación partidista

será la responsable de revisar y validar decretos, iniciativas, acuerdos y otros instrumentos jurídicos que provengan de la presidencia. La posición que ahora ocupa adquirió una singular importancia durante el gobierno de Andrés Manuel López Obrador cuando fue desempeñado por Julio Scherer. El abogado se convirtió en operador político de la presidencia, gestionando las relaciones con diversos actores de la vida pública y privada en México. Ernestina Godoy no parecería un cuadro destinado a ese tipo de tareas, pero sin duda será clave en la medida en que se convierta en el enlace técnico jurídico de Claudia Sheinbaum con los coordinadores de las Cámaras para conducir las muchas reformas constitucionales pendientes y, posteriormente, en el aterrizaje de las leyes secundarias para hacerlas efectivas.

Nació en Ciudad de México el 17 de enero de 1954. Es licenciada en Derecho por la UNAM. Fundó diversas organizaciones de la sociedad civil, como la Asociación Nacional de Abogados Democráticos; Alianza Cívica y Convergencia de Organismos Civiles por la Democracia. Fue representante de la sociedad civil en la Comisión de Seguimiento y Verificación de los Acuerdos de San Andrés Larráinzar. Se desempeñó como directora Jurídica y de Estudios Legislativos del Gobierno del Distrito Federal; coordinadora de Asuntos Jurídicos de la Procuraduría Social, y directora general de Desarrollo Delegacional de Iztapalapa. Fungió como diputada de la Asamblea Legislativa del D. F. y de la Primera Legislatura del Congreso de la Ciudad de México, donde fue presidenta de la Junta de Coordinación Política. También fue diputada federal y, desde 2018, procuradora general de Justicia de la Ciudad de México y primera fiscal general por la misma ciudad. Actualmente es senadora electa por mayoría relativa.

Lázaro Cárdenas Batel
Jefe de la Oficina de la Presidencia

Es heredero de uno de los legados más reconocidos de la izquierda, nieto de Lázaro Cárdenas, uno de los presidentes más queridos en la historia de México; hijo de Cuauhtémoc, líder moral de las corrientes progresistas de finales del siglo xx, quien abrió el camino a la izquierda tras convertirse en el primer jefe de Gobierno electo del D. F. La decisión de incorporar a Lázaro Cárdenas a la Oficina de la Presidencia con el encargo de constituirse en coordinador del Gabinete tiene una doble lectura. Constituye una carga simbólica por el indudable peso histórico del apellido, lo cual abre el abanico de apoyos de la presidenta, hoy por hoy centrado en su relación con López Obrador. Por otro lado, coloca dentro de la propia oficina de la mandataria la coordinación directa del Gabinete, sin mediarlo, a través de la Secretaría de Gobernación. Un anticipo del deseo de mantener un control directo de diversos aspectos de la operación política.

Nació el 2 de abril de 1964 en Jiquilpan, Michoacán. Es etnohistoriador por la ENAH. Diputado Federal en 1997, posteriormente senador y, a partir de 2002, gobernador de Michoacán. Responsable de la iniciativa para aprobar el voto de mexicanos que viven en el exterior. Se desempeñó como coordinador de asesores con López Obrador hasta marzo de 2023, cuando el presidente acusó a su padre, Cuauhtémoc, de traición al ser involucrado en un movimiento de oposición crítico de la 4T; Lázaro renunció días más tarde, para tomar el cargo como secretario permanente de la Comunidad de Estados Latinoamericanos y Caribeños (Celac). Es amante de la música, en especial de las percusiones.

Altagracia Gómez Sierra
Coordinación del Consejo Asesor Empresarial
El título que designa las tareas de Altagracia Gómez es engañoso, porque remite solo a una de las tareas que le serán encomendadas en el sexenio que arranca. Explícitamente, la presidenta le ha pedido que opere como la promotora estratégica de los nuevos parques industriales, un ambicioso proyecto para acoger el *nearshoring* o relocalización, fenómeno en el que México ha depositado grandes esperanzas para un despegue firme. Por otro lado, el nuevo Consejo

Asesor Empresarial está concebido como un interlocutor activo para favorecer una mejoría en las relaciones con el sector empresarial, y propiciar un ambiente de confianza y optimismo favorable a las inversiones. Claudia y Altagracia se conocen desde 2016, cuando la hoy presidenta electa era delegada de Tlalpan e intercambiaron visiones sobre el transporte. En 2022 se volvieron a encontrar cuando se implementó el programa Pacic contra la inflación poscovid. Desde su campaña, Claudia Sheinbaum se hizo acompañar por Altagracia Gómez a muchas reuniones con la Iniciativa Privada; participó activamente en el diseño de una serie de proyectos e iniciativas que fueron presentadas en el IMC, BlackRock, Walmart International o Citigroup.

Altagracia Gómez nació en Guadalajara, Jal., hace 32 años. Lidera el conglomerado empresarial de la familia, uno de los grupos industriales más destacados del Occidente del país, con sede en Guadalajara. Es licenciada en Derecho por la Escuela Libre de Derecho, ha cursado varios programas académicos en la Oxford Royale Academy y la Harvard Business School. A los 13 años, ya evaluaba el impacto social de las empresas familiares. Recibió el Premio Nacional Agroalimentario y el Global Race Award de Harvard. Es presidenta de Minsa y de numerosas empresas que van desde la fabricación de camiones (Dina) hasta financieras y turísticas. Forma parte de varios consejos de administración.

Es presidenta del segundo productor mundial de masa de maíz y del Grupo Promotora Empresarial de Occidente, con desarrollos turísticos en Acapulco y Nayarit.

José Antonio Peña Merino
Agencia de Transformación Digital

Lleva por nombre José Antonio Peña Merino, pero siempre se ha hecho llamar Pepe Merino. Especialista en análisis de datos y colaborador cercano de la presidenta desde hace años. La dependencia de la cual será cabeza no tendría el rango para aparecer en una revisión del gabinete ampliado en un arranque de sexenio. Al menos en teoría. La Agencia de Transformación Digital suena como una oficina más de las decenas de organismos que pululan en el gobierno federal. Pero no es así. Lo que hizo Pepe Merino en el gobierno de la Ciudad de México, encabezando la Agencia Digital de Innovación Pública durante varios años, es una de las grandes apuestas de Claudia Sheinbaum para revolucionar a la administración pública federal. La automatización de los procesos, el acceso directo de los ciudadanos, la simplificación administrativa, la transparencia y el combate a la corrupción pasan por el ambicioso proyecto de esta nueva oficina. Para la presidenta será un instrumento decisivo en la gestión del gobierno. Para el responsable una especie de cruzada, como lo demuestra la elección de palabras en su pronunciamiento público en las redes tras ser designado: «Esto tiene para mí además un tono personal. Soy un hombre gay; de izquierda; criado en Chiapas, Hidalgo, Querétaro y la CDMX; formado siempre en la educación pública; poder construir desde mi biografía y mis creencias, lo vale todo».

Nació en 1974 en la Ciudad de México. Es Licenciado en Ciencia Política y en Relaciones Internacionales por el CIDE con Doctorado en Ciencia Política por la Universidad de Nueva York. Especialización en Economía Política y Metodología Cuantitativa. Docente del departamento de Ciencia Política del ITAM desde el 2006. A partir de 2014 es profesor en la Maestría de Periodismo y asuntos Públicos del CIDE. Autor de diversos libros y colaborador frecuente de la revista Nexos y del portal Animal Político. Ha publicado en Letras Libres, America's Quarterly, y diversos diarios nacionales. Es cofundador de Data Cívica, organización creada en 2015 especializada en el uso de datos y tecnología sobre sistemas en temas de derechos humanos y violencia. Fundó la empresa Data4, especializada en la generación, gestión, análisis y visualización de datos. Creó y dirigió la Agencia Digital de Innovación Pública para el gobierno local de Claudia Sheinbaum.

Gabinete Político

Rosa Icela Rodríguez Velázquez
Secretaría de Gobernación

Contra la idea de que Rosa Icela Rodríguez, la Comandanta, constituye una imposición de López Obrador, versión difundida en espacios mediáticos, la realidad es que ella también es muy cercana a Claudia Sheinbaum; fue su secretaria de Gobierno en la CDMX durante casi dos años, y dejó de serlo porque fue requerida para el Gabinete federal a mediados del sexenio. Gobernación es una secretaría cuya importancia deriva esencialmente del papel que decida asumir la presidencia. Poderosa en ocasiones, protocolaria en otras. El hecho de que Sheinbaum haya decidido nombrar a un coordinador de Gabinete, como es el caso de Lázaro Cárdenas, despoja a la oficina de Bucareli de esta tarea pues será atraída a Palacio Nacional. Con todo, las virtudes políticas de Rosa Icela quedan de manifiesto cuando se advierte que ha sido funcionaria de primer nivel en el Gobierno de la Ciudad de México en cuatro administraciones seguidas y tan variadas como la de López Obrador, Marcelo Ebrard, Miguel Ángel Mancera y Claudia Sheinbaum. Hoy reitera esta capacidad de adaptación repitiendo en el Gabinete federal.

Nació el 5 de septiembre de 1959 en Xilitla, San Luis Potosí. Es periodista y la primera mujer en la historia a cargo de la seguridad pública. Licenciada en Periodismo por la Escuela de Periodismo Carlos Septién. Ejerció el periodismo en Televisa Radio, *El Universal*, *La Afición* y *La Jornada*. En el gobierno capitalino de López Obrador, se desempeñó como directora general de Concertación Política y Atención Social. Con Ebrard fue coordinadora general del Gabinete de Gobierno y encargada de las 71 Coordinaciones Territoriales de Seguridad y Procuración de Justicia, y directora general del Instituto para la Atención de los Adultos Mayores. Fue secretaria de Desarrollo Social y secretaria de Desarrollo Rural y Equidad en el gobierno de Mancera; secretaria de Gobierno con

Sheinbaum hasta 2020. Durante algunos meses fue coordinadora de Puertos y Marina Mercante, y después, secretaria de Seguridad y Protección Ciudadana en el Gobierno federal con López Obrador. Recibió la Medalla Omecíhuatl del Instituto de las Mujeres del D. F. y la Presea Tepantlato al Mérito en Desarrollo Social de la UNAM. Es coautora de 4 libros publicados por la CEPAL y por el Gobierno de la Ciudad de México.

Juan Ramón de la Fuente Ramírez
Secretaría de Relaciones Exteriores

El peso del exrector de la UNAM en el equipo de trabajo de Claudia Sheinbaum es incuestionable, independientemente de la posición que ocupe. Durante los meses de campaña fungió como segundo al mando, brazo derecho de la candidata para todos los efectos, al grado de que se especulaba que sería el futuro secretario de Gobernación. Su ubicación final en la cancillería fue interpretada como una respuesta al enorme desafío que representará una posible presidencia de Donal Trump y, en general, una pieza clave para posicionar a México en los nuevos escenarios geopolíticos que los reacomodos de la globalización producen en el mundo.

Nació en la Ciudad de México el 5 de septiembre de 1951. Es médico cirujano por la Facultad de Medicina de la UNAM; maestro en Ciencias por la Universidad de Minnesota; realizó una residencia en psiquiatría en la Clínica Mayo de Rochester, Minnesota; coordinador de Investigación Científica en la UNAM; director de la Facultad de Medicina de la UNAM. Por su trayectoria destacada, también recibió el Premio Nacional de Ciencias y Artes en el área de Ciencias Físico-Matemáticas y Naturales. Tiene 20 doctorados *honoris causa* de diversas universidades.

En 1994, fue secretario de Salud del Gobierno federal; presidente de la Academia Nacional de Ciencias y de la Academia Mexicana de Ciencias; rector por dos periodos consecutivos y profesor emérito de la UNAM; vicepresidente de la Asamblea Mundial de Salud y presidente de Onusida. Por invitación del secretario general de la ONU, Ban Ki-moon, se integró a la Junta de Gobierno de la Universidad de las Naciones Unidas y del Consejo de las Naciones Unidas. También fue presidente de la Asociación Internacional de Universidades; miembro de varias sociedades científicas; autor o coautor de 24 libros. En 2018, fue propuesto por el presidente López Obrador y aceptado por el Senado para ser embajador y representante permanente de México ante el Consejo de Seguridad de la ONU.

Raquel Buenrostro Sánchez
Secretaría de la Función Pública

La elección de la llamada «Dama de Hierro», Raquel Buenrostro, es la mejor señal que pudo haber enviado la nueva presidenta para dar cuenta de su intención de hacer algo categórico contra la corrupción en el Gobierno. La experiencia de la también llamada «Incorruptible» en su paso por el SAT garantiza una mano firme frente a las enormes presiones de los intereses creados. El Centro Interamericano de Administraciones Tributarias elogió la política fiscal y tributaria de México, calificándola como una de las más efectivas y responsables en el mundo, en gran parte gracias a los buenos oficios de Raquel Buenrostro. El incremento en la recaudación, gracias al combate de la evasión fiscal de algunas de las fortunas más grandes de México, es un reto que lleva a creer que ella podrá hacer algo en contra de las prácticas arraigadas en el abuso del patrimonio público y los negocios vinculados al gasto federal. Ahora en la SFP, parte de sus retos serán establecer y blindar buenos sistemas de control interno, fortalecer la política de austeridad del primer gobierno de la 4T, poner la lupa en el gasto y las formas de asignarlo y ejecutarlo. Conoce muy bien los entretelones de Pemex, una experiencia que la habrá alertado sobre algunas de las vías usuales para la fuga de recursos. Con el rango de secretaria de Estado, solo responderá a la presidenta para intentar ese propósito.

Nació el 23 de marzo de 1970 en Ciudad de México. Es licenciada con mención honorífica en Matemáticas por la UNAM y maestra en Economía por el Colmex. Dentro de un currículo muy amplio, destacan: analista técnica de Pemex Gas y Petroquímica Básica; asesora del director corporativo de Finanzas; asesora de la Dirección de Administración y Finanzas de PMI Comercio Internacional; gerente de Planeación y Desarrollo en Cogeneración; directora general de Pemex-Cogeneración; liquidadora de la Empresa Productiva Cogeneración y Servicios, todo ello dentro de la estructura de Pemex. Además, directora de Análisis de Políticas Públicas; directora de Avance Físico y Estructural del Gasto Público; directora general de Control Presupuestario; oficial mayor y jefa del Servicio de Administración Tributaria dentro de la estructura de la Secretaría de Hacienda. También fue directora general de Administración y Finanzas de la Secretaría de Turismo. Terminó el sexenio de López Obrador como secretaria de Economía.

Gabinete de Seguridad

Omar Hamid García Harfuch
Secretaría de Seguridad y Protección Ciudadana
Hijo de Javier García Paniagua, mandamás de las instituciones de seguridad como la DFS en los años 70, y nieto de Marcelino García Barragán, secretario de la Defensa Nacional de 1964 a 1970, Omar García Harfuch es la apuesta de Claudia Sheinbaum para responder al desafío de la inseguridad pública en México. Lo fue durante su gestión como jefa de Gobierno de la capital, con resultados positivos que espera refrendar ahora. Paradójicamente, la posibilidad existe gracias al fracaso en la intentona de convertirlo en candidato de Morena al Gobierno de la Ciudad de México. García Harfuch ganó la encuesta decisiva, pero la necesidad de paridad de género condujo a sacrificarlo en favor de Clara Brugada. Su

arribo a esta Secretaría extiende un manto de especulación sobre el papel que tendrá la institución que en lo formal es responsable de la seguridad pública, pero en la práctica comparte la tarea con las fuerzas armadas. En la Ciudad de México Sheinbaum se decantó por una vía policiaca y civilista para enfrentar a la delincuencia, pero actualmente la Guardia Nacional y el Ejército son los verdaderos protagonistas a lo largo del territorio.

Nació el 25 de febrero de 1982 en Cuernavaca, Morelos. Es licenciado en Derecho por la Universidad Intercontinental; licenciado en Seguridad Pública y maestro en Administración Pública por la Universidad del Valle de México. Tiene estudios de especialización en seguridad en Harvard, en el FBI y la DEA. En 2008, ingresó como jefe de Departamento de la PFP, donde ascendió a director de Área, coordinador y jefe de la División de Investigación. A partir de 2016, remplazó a Tomás Zerón como comisionado de la extinta Agencia de Investigación Criminal, hasta el 1.° de diciembre de 2018. En junio de 2019, Claudia Sheinbaum lo nombró jefe de la Policía de Investigación de la PGJ y coordinador de Inteligencia del Gabinete de Seguridad y, en octubre de ese año, secretario de Seguridad Ciudadana de la CDMX. El 26 de junio de 2020, fue objeto de un atentado en Paseo de la Reforma a manos del CJNG; murieron dos escoltas y una mujer; él recibió tres impactos de bala. Tras perder por «acción afirmativa» la candidatura al Gobierno de la ciudad, obtuvo el primer lugar por mayoría relativa para ocupar un escaño en el Senado a partir de septiembre de 2024.

Gabinete Económico

Rogelio Ramírez de la O
Secretaría de Hacienda y Crédito Público

Rogelio Ramírez de la O fue el primer miembro del gabinete de López Obrador ratificado en su puesto por Claudia Sheinbaum. No es casual; además de ser un hombre de total confianza del presidente desde finales de 1990, también lo es de los mercados financieros nacionales y extranjeros. Con este nombramiento, la nueva presidenta lanzaba una señal para expresar su interés en mantener la estabilidad económica y política. No es del todo claro que sea una designación para todo el sexenio, entre otras razones, por los intereses profesionales de Ramírez; pero, sin duda, constituye un factor de equilibrio en la transición entre las dos administraciones.

Rogelio Ramírez de la O nació el 7 de julio de 1948 en la Ciudad de México. Es licenciado en Economía por la UNAM y doctor por la Universidad de Cambridge. Aunque forma parte del equipo de López Obrador desde 2006, hasta el 3 de agosto de 2021 asumió la titularidad de Hacienda. También es director de Ecanal, empresa privada que brinda análisis macroeconómicos y previsiones a empresas transnacionales con importantes intereses en México; consejero de Grupo Modelo y de varios bancos internacionales; ha realizado cerca de 40 publicaciones sobre análisis económicos. Con su hablar calmado y actuar templado, casi tímido, la personalidad de Ramírez de la O hace recordar a Alan Greenspan, quien sabía que cada gesto, sonrisa o señal sería interpretado por los mercados.

Marcelo Ebrard Casaubón
Secretaría de Economía
Marcelo Ebrard cae siempre de pie, aunque a veces le puede llevar más tiempo. No en esta ocasión: a pesar de haber amenazado con abandonar el movimiento, tras ser derrotado por Sheinbaum en la lucha por la candidatura presidencial, y pese a los duros intercambios, consiguió ser incorporado al nuevo Gabinete, además de obtener la senaduría garantizada por su segundo lugar. Pero la designación de Marcelo no es una graciosa concesión o resultado de un manotazo del presidente que se va. Es una necesidad. El probable arribo de Donald Trump a la Casa Blanca y los nubarrones que eso significa en materia de tratado comercial (a revisarse en 2026) y de tarifas y

presiones migratorias hacían imprescindible aprovechar su experiencia previa en este frente. El potencial que tiene México en la llamada relocalización o *nearshoring* será un desafío interesante para el funcionario público, quien ha sido dos veces precandidato presidencial y muy probablemente lo será en 2030.

Nació el 10 de octubre de 1959 en Ciudad de México. Es licenciado en Relaciones Internacionales por el Colmex. Tiene una especialidad en Administración Pública por el ENA, París. Con apenas 26 años, coordinó el plan de reconstrucción tras los sismos de 1985; luego fue Director General del Departamento del Distrito Federal. En 1992, fue secretario general de Gobierno del D. F y diputado federal en 1997. Asumió la dirección de la Secretaría de Seguridad Pública y la Secretaría de Desarrollo Social en el gobierno local de López Obrador. De 2006 a 2012, fue jefe de Gobierno del D. F. y designado «Mejor alcalde del mundo» en 2010 por la fundación londinense City Mayors. Fue reconocido por sus acciones contra el cambio climático, en infraestructura de movilidad y por su gobierno progresista y defensor de las libertades; presidente de la Red Global de Ciudades Seguras de la ONU-Hábitat y presidente del Consejo Mundial de Alcaldes sobre el Cambio Climático. En 2012, disputó a López Obrador la precandidatura a la presidencia. En 2018, fue nombrado secretario de Relaciones Exteriores, desempeñando un papel destacado en las negociaciones del nuevo acuerdo T-MEC y en todo diferendo político y comercial con los gobiernos de Donald Trump y de Joe Biden, aunque muchos temas de la cartera fueron llevados directamente por el presidente. Su intervención fue fundamental para que el país contara con el cuadro de vacunación anticovid.

Luz Elena González Escobar
Secretaría de Energía

Como se ha señalado en el capítulo anterior, es sintomático que la mujer de total confianza de Claudia Sheinbaum en asuntos financieros se encargue de la gestión energética. La extesorera del Gobierno de la CDMX parecía destinada a una subsecretaría en Hacienda, pero su nombramiento en la Sener parecería expresar el deseo de someter a las dos grandes paraestatales a una disciplina financiera más firme y a una mayor coordinación entre ellas. La estrecha cercanía con la presidenta también implica un cambio de énfasis hacia recursos energéticos más limpios, tema de interés personal de Sheinbaum, con una intervención más activa de parte de Palacio Nacional. Todo esto anticipa que González Escobar será uno de los miembros más relevantes del Gabinete; y el verdadero gestor de Pemex y CFE, hoy prácticamente feudos de sus titulares.

Nació el 1.° de junio de 1974 en Villahermosa, Tabasco. Es licenciada en Economía por la UNAM, y maestra en Derecho Fiscal por la Universidad Tecnológica de México y en Urbanismo por la Universidad de Cataluña. Participó en el programa de estudios avanzados Leadership for Environment and Development del Colmex. Tiene más de 15 años de experiencia en la dirección y operación de proyectos de planeación económica y urbana. También es asesora del presidente del Instituto Nacional de Ecología y de la Subsecretaría de Planeación de la Semarnat; directora ejecutiva de Coordinación de Políticas de la Sedema, y secretaria de Finanzas de la CDMX hasta junio de 2024. Coordinó el proyecto de paneles fotovoltaicos en la Central de Abastos de la CDMX.

Jesús Antonio Esteva Medina
Secretaría de Infraestructura, Comunicaciones y Transportes
La otrora «Comunicaciones y Transportes» es una más de las carteras del Gabinete que será dirigida por un miembro del equipo de Sheinbaum, de corte esencialmente profesional. Su relación con la futura presidenta se remonta a su época universitaria en la UNAM y, posteriormente, a la construcción del Segundo Piso del Periférico. Era secretario de Obras cuando ocurrió la tragedia y reconstrucción de la accidentada Línea 12 del Metro capitalino; desarrolló las primeras dos líneas del cablebús. Cuenta con un amplio reconocimiento

en el sector de infraestructura. Necesitará de todo ello para responder a los extraordinarios retos que supone la construcción de la infraestructura para la relocalización de empresas y la activación de los nuevos polos industriales, por no hablar de los nuevos ferrocarriles anunciados por la presidenta, algo que podría convertirse en los megaproyectos de su sexenio.

Nació el 25 de junio de 1965 en Ciudad de México. Estudió la licenciatura en Ingeniería Civil y la maestría en Estructuras en la UNAM, donde trabajó para la Dirección General de Obras y Conservación como director de Planeación y Evaluación de Obras, y como profesor de licenciatura y posgrado. Desde 1993, ha participado como funcionario local y federal en el ramo de la Ingeniería Civil. Fue director general de Obras Públicas y director de Obras de Infraestructura con López Obrador; coordinador de Evaluación de la Biblioteca José Vasconcelos, y secretario de Obras y Servicios de la CDMX.

Marath Baruch Bolaños López
Secretaría del Trabajo y Previsión Social

Su ratificación, en parte, es un reconocimiento a la efectividad con la que llevó a cabo la tarea de implementar los programas Jóvenes Construyendo el Futuro, donde se proyectaba inscribir a 2.3 millones de jóvenes y hoy supera los 3 millones, y del Servicio Nacional de Empleo que generó más de 33 000 centros de trabajo. Marath es una de las piezas clave para consolidar los cambios realizados en el mundo laboral. Las habilidades políticas del joven ministro se advierten en su capacidad para navegar en aguas muy disímiles en los últimos años: vinculado a los hijos del expresidente y con trayectoria cercana al obradorismo militante fue, sin embargo, secretario particular de Marcelo Ebrard durante dos años, al arranque del sexenio. Posteriormente fue «recuperado» como subsecretario por Luisa María Alcalde en la Secretaría del Trabajo, en el otro extremo del péndulo de corrientes obradoristas. Cuando la joven ministra fue trasladada a la Secretaría de Gobernación (para remplazar a Adán Augusto López, precandidato presidencial), Marath la sustituyó en la titularidad que ahora ocupa nuevamente. Continuar con la apertura democrática en la vida sindical, el incremento del poder adquisitivo de los trabajadores y la migración del empleo informal al formal serán los principales retos del joven secretario.

Nació el 7 de julio de 1986 en Nezahualcóyotl, México. Estudió la licenciatura en Relaciones Internacionales y la maestría en Estudios Latinoamericanos, ambas en la UNAM, donde se ha desempeñado como profesor en la Facultad de Filosofía y Letras e investigador en Cultura Política y Comunicación Política. Se desempeñó como coordinador de la Organización de la CDMX para Morena; diputado por este partido en la Asamblea Constituyente de la CDMX; secretario particular del secretario de Relaciones Exteriores, Marcelo Ebrard; subsecretario de Empleo y Productividad Laboral en la Secretaría del Trabajo Federal; encargado del programa Jóvenes Construyendo el Futuro y del Servicio Nacional de Empleo; secretario del Trabajo y Previsión Social desde junio de 2023.

Julio Berdegué Sacristán
Secretaría de Agricultura y Desarrollo Rural

Aunque con una larga experiencia en organismos internacionales, la elección de Julio Berdegué para presidir la cartera responsable del campo llama la atención porque carece de experiencia en la administración pública en México. Interesante también porque proviene de una familia muy exitosa en el ramo turístico; su padre fue durante muchos años el verdadero rey de la hotelería de Mazatlán. Pudiendo optar por una vida empresarial prácticamente asegurada, eligió una vocación al margen del negocio familiar y optó por la agronomía, la genética y las ciencias sociales. En su amplia producción de textos y ensayos, Berdegué ha expresado tesis sobre el campo que son empáticas o similares a las sostenidas por la presidenta. Sostiene que sin maíz no hay país y es un convencido de que en México no se debe permitir el ingreso del maíz transgénico. También afirma que el hambre que se padece en el país no es por falta de alimentos, sino por la extensa pobreza y desigualdad de la sociedad, lo que evita que toda la población pueda acceder a una canasta básica de alimentos digna y suficiente. Una de sus metas es lograr que las personas que producen y viven del campo y la pesca tengan mejores condiciones de vida. Su mayor preocupación es la crisis por el agua y el cambio climático.

Nació el 17 de julio de 1957, en Escuinapa, Sinaloa. Es licenciado en Ciencias Agrarias por la Universidad de Arizona y tiene una maestría en Agronomía y un doctorado en Genética por la Universidad de California; tiene otro doctorado en Ciencias Sociales por la Universidad de Wageningen, Países Bajos. Desde 1988, es coordinador de la organización Rimis-Centro Latinoamericano para el Desarrollo Rural. Fue jefe del Departamento de Desarrollo Agropecuario de Chile; presidente del Centro Internacional de Mejoramiento del Maíz y Trigo. La FAO, cuya tarea es erradicar el hambre en el mundo, lo nombró Representante Regional para América Latina y el Caribe. También es miembro del Instituto Internacional de Medio Ambiente y Desarrollo. Fue coordinador del Grupo de Trabajo Desarrollo con Cohesión Territorial que reúne a la fecha 12 proyectos y programas de investigación aplicada en asesoría a gobiernos y desarrollo de capacidades en 11 países de América Latina. Participó en el grupo de Diálogos por la Transformación y coordinó el Eje de Desarrollo Rural y Soberanía Alimentaria. Ha sido consultor del Banco Mundial, del Banco Interamericano de Desarrollo, y del Fondo Internacional para el Desarrollo Agrícola (FIDA). Además, ha escrito un centenar de libros sobre temas agrarios y de desarrollo.

Josefina Rodríguez Zamora
Secretaría de Turismo

La designación de Josefina Rodríguez Zamora en la Secretaría de Turismo parecería una apuesta de alto riesgo para Claudia Sheinbaum. Con apenas 35 años, desconocida a escala nacional y con una experiencia en el sector limitada al pequeño estado de Tlaxcala, que no es precisamente un polo turístico del país, optar por Rodríguez revela el deseo de la presidenta de transformar esta dependencia. La joven había adquirido notoriedad en su región como restaurantera con un sentido innato para la promoción eficaz e ingeniosa. Lo confirmó al convertirse en artífice de un incremento de 100% en la afluencia turística en su entidad durante su gestión. Entre otras cosas, gracias al provocador lema «Tlaxcala sí existe». Necesitará de esa frescura y mucha confianza. Se había especulado sobre la posible reconversión de la dependencia en una subsecretaría adscrita a Economía. Esto no se descarta para el futuro, considerando la simplificación anticipada por el nuevo gobierno. En cualquier escenario, no son pocas las expectativas para ver en funciones a la nueva responsable del turismo en los próximos años.

Nació el 3 de marzo de 1989, en Tlaxcala, Tlaxcala. Es licenciada en Administración de Empresas por la Universidad Iberoamericana, tiene una maestría —en proceso— en Alta Dirección y un diplomado en Dirección Emocional por la Universidad del Valle de Tlaxcala. Se desempeñó como asesora de la Oficialía Mayor de la Secretaría de Educación Pública, y como directora del programa Espiral Educando para maestros en el estado de Puebla. Fue secretaria de Turismo del Estado de Tlaxcala desde septiembre del 2021 y vicepresidenta de la zona centro de la Asociación de Secretarios de Turismo de México; creadora de la plataforma Tlaxcala Brilla, ganadora del premio Excelencias a la Innovación de Turismo, en España. Es empresaria restaurantera desde 2016.

Gabinete Social

Ariadna Montiel Reyes
Secretaría de Bienestar

Ariadna Montiel es, en efecto, una de las más fieles seguidoras de López Obrador desde hace años, lo cual lleva a interpretar su ratificación en la Secretaría de Bienestar como una imposición del presidente que se va. Pero se trata de una interpretación incompleta. Ariadna es también una de las grandes amigas de Claudia Sheinbaum dentro del movimiento. Juntas participaron en la coordinación del plantón de Paseo de la Reforma en 2006, y luego en distintas marchas y movilizaciones a lo largo de los años. Su permanencia en el puesto tiene que ver, esencialmente, con la plena coincidencia que existe entre el actual y el anterior gobierno sobre la necesidad de continuar con los programas sociales impulsados por López Obrador. Lejos de modificarlos o reducirlos, Sheinbaum los profundizaría, y para ello, la experiencia de Ariadna es imprescindible. En todo caso, el reto sería mejorar su eficiencia, modernizar procedimientos y tapar las fugas que, inevitablemente, surgieron en la primera edición de programas tan vastos y complejos.

Ariadna Montiel nació el 29 de mayo de 1974, en Ciudad de México. Con estudios truncos en Arquitectura en la UNAM, donde fue líder estudiantil del ala radical del CGH. Fue directora de la Red de Transporte del D. F. con Ebrard; diputada y presidenta de la Mesa Directiva de la Asamblea Legislativa del D. F. y, posteriormente, diputada federal. En 2018, se desempeñó como subsecretaria de Desarrollo Social y Humano, y a partir de enero del 2022, como titular de la Secretaría de Bienestar. Su filiación política siempre ha sido de izquierda.

Alicia Bárcena Ibarra
Secretaría del Medio Ambiente y Recursos Naturales
En los últimos veinte años, Alicia Bárcena ha desarrollado una reconocida carrera en la ONU y otras dependencias diplomáticas nacionales e internacionales, pero ahora regresa al viejo amor de su vocación primigenia: biología y temas ambientales. Habría que destacar el hecho de que llegue a la Secretaría del Medio Ambiente y Recursos Naturales un «peso pesado» de larga experiencia internacional y extitular de la Cancillería mexicana. La Semarnat había

sido una oficina ninguneada en los últimos sexenios o, para ser precisos, desde su fundación hace 24 años. La designación de Bárcena en esta dependencia envía una clara señal de que tal desdén estaría a punto de cambiar. Se asume que el gobierno de Claudia Sheinbaum impulsará una revolución en materia de temas ambientales, manejo de recursos naturales y patrones de consumo y generación de energía. No podemos olvidar que la mitad de la vida profesional de la ahora presidenta ha estado dedicada a la construcción de modelos de evaluación y control de la contaminación, así como a la gestión racional de la energía. Buena parte de ese desafío pasa por esta oficina. La interrogante es cómo y con qué intensidad veremos la introducción de estos cambios.

Nació el 5 de marzo de 1952, en Ciudad de México. Académica, bióloga y diplomática mexicana, estudió su licenciatura en Biología en la UNAM y una maestría en Administración en Harvard. Posee tres doctorados *honoris causa* de las universidades de Oslo, La Habana y la UNAM. Fue directora del Instituto Nacional de Investigaciones sobre Recursos Bióticos; en 1982, la primera subsecretaria de Ecología de la Sedue; directora del Instituto Nacional de Pesca; fundadora del Consejo de la Tierra en Costa Rica; coordinadora del Programa de la ONU para el Medio Ambiente; secretaria ejecutiva de la CEPAL; jefa del Gabinete del secretario general de Naciones Unidas, Kofi Annan; coordinadora del Programa de Desarrollo Sostenible de América Latina y el Caribe de la ONU; coordinadora del proyecto Ciudadanía Ambiental. Asimismo, se desempeñó como subsecretaria general de Administración de la ONU, con Ban Ki-moon, y como embajadora de México en Chile. Es autora de diversas publicaciones y fue secretaria de Relaciones Exteriores en el último tramo del sexenio de López Obrador.

Mario Martín Delgado Carrillo
Secretaría de Educación Pública

Probablemente la designación más sorpresiva en el gabinete de

Sheinbaum. Se había asumido que Mario Delgado formaría parte de su equipo, sobre todo por la necesidad de operadores políticos, la experiencia del presidente de Morena y la estrecha cercanía con la candidata durante la campaña. Pero el nombramiento de Rosa Icela Rodríguez en Gobernación y Lázaro Cárdenas en la Oficina de la Presidencia dejaron pocas opciones. Si bien es cierto que durante algún tiempo Delgado fue secretario de Educación en el Gobierno de la capital con Marcelo Ebrard, el economista no había vuelto a acercarse a estos temas. Es cierto que uno de los principales desafíos de cualquier titular de la SEP en México es la relación con el sindicato de más de un millón de miembros, un tema esencialmente político. Pero también es cierto que Sheinbaum ha mencionado en repetidas ocasiones que le gustaría ser recordada como la presidenta de la Educación, haciendo referencia a la revolución que aún está pendiente en esta materia. Eso representa un enorme reto de carácter administrativo y pedagógico. Se especula que, en esa ruta, Delgado podría ser un responsable del primer tramo, necesario para allanar negociaciones políticas, a fin de pasar a otras responsabilidades en el Gabinete más acordes con su perfil.

Nació el 17 de junio de 1972, en Colima, Colima. Es licenciado en Economía por el ITAM y tiene una maestría en la Universidad de Essex. Fue secretario de Finanzas y de Educación Pública en el gobierno de Marcelo Ebrard. También se ha desempeñado como senador y diputado federal por la CDMX; presidente de Morena desde noviembre del 2020. Recibió el Premio al Mérito Profesional del ITAM en 2010 y, en el Foro Económico Mundial, fue reconocido como uno de los Young Global Leaders en 2011. Ha sido coautor de cinco libros, dos de ellos con Marcelo Ebrard.

David Kershenobich Stalnikowitz
Secretaría de Salud

«En Salud, no somos Dinamarca, pero… ya merito», parece decir el doctor Kershenobich. El próximo secretario de Salud deberá hacer arte y magia para abrazar la intersección entre medicina y política. Tendrá la difícil tarea de hacer realidad la gran promesa hasta ahora incumplida. Requerirá de mucho estómago e hígado para dar atención médica a todo mexicano, tenga o no aseguramiento laboral. Aunque parecería incongruente hablar de un hombre con 81 años cumplidos como «sangre fresca», en el equipo responsable de llevar a mejor término las ambiciosas esperanzas de la 4T, su prestigio —clave en la celebridad que ha adquirido el Instituto de Nutrición— ofrece una esperanza renovada. En una reciente visita a Tila, Chiapas, ante la pregunta directa de Sheinbaum sobre qué hacía falta en salud, la respuesta categórica fue «Nos falta todo». La nueva presidenta espera que, al menos, tenga ahora una figura para comenzar a encarar el enorme desafío.

Nació el 20 de noviembre de 1942, en Ciudad de México. Se tituló como médico cirujano en la UNAM y tiene posgrados en Medicina Interna y en Gastroenterología por el Instituto Nacional de Medicina y Nutrición Salvador Zubirán, donde fue director general por dos periodos consecutivos; posgrado en Hepatología por el Royal Free Hospital de Londres; doctorado en Medicina por la Universidad de Londres; director de Investigación del Hospital General de México desde 2009; presidente de la Fundación Mexicana para la Salud Hepática; profesor de la Facultad de Medicina de la UNAM, en maestría y doctorado. Cuenta con más de 500 publicaciones de investigación avanzada, entre las que destacan los estudios para determinar que la cirrosis hepática se puede revertir, lo que le valió reconocimiento internacional. Ha sido presidente de varias asociaciones médicas nacionales y extranjeras, y ha recibido varios premios, entre los que se encuentran el Premio Doctor Donato Alarcón Segovia, el premio de investigación clínica Doctor Miguel Otero y el premio de la Excelencia Universal René Cassin.

Zoé Alejandro Robledo Aburto
Instituto Mexicano del Seguro Social – Bienestar

Al terminar el sexenio el balance del sector Salud está plagado de claroscuros. Quizá no podría ser de otra manera considerando el flagelo de la pandemia y las ambiciosas metas en un contexto de tan escasos recursos. Pero también es cierto que, en esta materia, más que en ninguna otra, la 4T ha incurrido en una sucesiva secuencia de ensayos y errores en su afán de caminar hacia una política de salud a favor de los sectores populares. Dentro de este panorama, quizá ninguno de los factores ha avanzado y gozado de la estabilidad que ha tenido el IMSS. En buena medida, deriva de la eficiencia y laboriosidad de Zoé Robledo y su equipo, a cargo desde 2019. El profundo proceso de rediseño en el que se encuentra el Instituto y los logros obtenidos hasta ahora hacían evidente la necesidad de mantener esta continuidad. Robledo es uno de los cuatro miembros del gabinete de López Obrador que repiten en la misma institución.

Nació el 9 de enero de 1979 en Tuxtla Gutiérrez, Chiapas. Cursó la licenciatura en Ciencias Políticas en el ITAM, la maestría en Derecho en la UNAM y estudios complementarios en la George Washington University, la Universidad Complutense de Madrid y la JFK de Harvard. Se ha especializado en temas de política internacional, procesos electorales, estrategia política y tendencias sociales. Es miembro de la Academy of Political Science de la International Association of Political Consultants. Recibió el Premio Nacional de Periodismo 2008. Asimismo, es colaborador en el periódico *Reforma* y, posteriormente, en *Milenio*; autor de columnas en las revistas *Voz y Voto, Este País, Nexos y Siempre!* Formó parte del primer Consejo Editorial de la *Revista R*, de Grupo Reforma. Fue conductor del programa Punto y Coma, de Proyecto 40, y Chiapas Siglo XXI. En 2010, fue electo diputado local y, en 2011, presidente del Congreso de Chiapas. En 2012, fue senador de la República por el PRD; diputado federal por Morena en 2018. A finales de ese año, pidió licencia y fue nombrado subsecretario de Gobierno de la Segob. Es director general del IMSS desde mayo de 2019.

Edna Elena Vega Rangel
Secretaría de Desarrollo Agrario, Territorial y Urbano
Edna Elena Vega constituye otra «profesional» del obradorismo en el Gabinete. En este sentido, es imposible atribuirle una adscripción o lealtad preferente a alguno de los dos mandatarios. Durante el gobierno de López Obrador en la capital de México, Sheinbaum y Vega Rangel fueron colegas del Gabinete local; la primera en temas ambientales y la segunda en desarrollo urbano. Con una sólida preparación académica y experiencia en temas de desarrollo territorial y vivienda, y es el mejor ejemplo de la combinación idónea de conocimientos y vivencias para asumir una responsabilidad. Se trata de otra de las secretarías usualmente consideradas complementarias, por presupuesto, protagonismo y su subordinación a otras dependencias que fungen como anclas. Con todo, y a pesar de la presencia del Infonavit, la ambiciosa promesa de Sheinbaum de construir un millón de viviendas durante su gestión pasará en buena medida por el diseño y operación de esta dependencia.

Nació el 22 de julio de 1962, en la Ciudad de México. Estudió la licenciatura en Sociología, la maestría en Planeación Metropolitana y el doctorado en Sociología con especialización en Sociedad y Territorio en la UAM, donde ha sido profesora, al igual que en la UACD. Es experta en Desarrollo Urbano con Diplomados de actualización por la UAM, la UNAM, Seduvi, el Colegio de Arquitectos y el INP. Participó en las ONG Casa y Ciudad, y Centro de la Vivienda y Estudios Urbanos, A. C. Se desempeñó como subsecretaria técnica de la Comisión de Desarrollo Urbano de la Asamblea Legislativa del D. F.; directora de Desarrollo Económico en el Fideicomiso del Centro Histórico de la CDMX; directora general de Planeación Estratégica, y directora general del Instituto de Vivienda del D. F; asesora en la Procuraduría Social, y directora de

Desarrollo Urbano en Iztapalapa; directora general de la Comisión Nacional de Vivienda. Terminó el sexenio como subsecretaria de Ordenamiento Territorial y Agrario. Fue galardonada por tres años consecutivos en Líderes en Concreto, en la categoría Mujer Líder.

Rosaura Ruiz Gutiérrez
Secretaría de Ciencia, Humanidades, Tecnología e Innovación

Termina una administración que tuvo fuertes enfrentamientos con la comunidad científica desde la dirección de Conacyt. Se esperaba un cambio drástico de una presidenta que, de entrada, se define como «científica». La respuesta no defraudó, al menos en su propuesta de arranque. Sheinbaum eleva a rango de secretaría el fomento de la ciencia y designa a la experimentada Rosaura Ruiz Gutiérrez para encabezar la tarea. A diferencia de la extitular de Conacyt, que gozaba de credenciales académicas, pero escasa o nula experiencia administrativa, Ruiz, doctora en Biología y con amplios reconocimientos en su haber, ha tenido altas responsabilidades en la UNAM, al grado de haber sido una sólida candidata a la rectoría de esta casa de estudios. Con todo, tiene una ardua tarea por delante para restaurar la confianza de la comunidad y responder a las altas expectativas que genera la nueva dependencia, sabiendo que deberá operar con recursos constreñidos, al menos en el arranque del sexenio.

Nació el 7 de julio de 1950, en la Ciudad de México. Bióloga, catedrática, investigadora y académica especializada en la investigación de las teorías evolutivas, es licenciada, maestra y doctora en Ciencias Biológicas por la UNAM. Desarrolló su estancia postdoctoral en la Universidad de California y en la Universidad del País Vasco. Tiene un doctorado *honoris causa* por la Universidad Autónoma de Guerrero y por el Instituto Latinoamericano de Comunicación Educativa. Fue directora general de Posgrado y directora de la Facultad de Ciencias de la UNAM; la primera mujer presidenta de la Academia Mexicana de Ciencias; consultora de la Unesco;

miembro del Comité de expertos de la Organización de Estados Iberoamericanos para la Educación, la Ciencia y la Cultura (OEI); secretaria ejecutiva del Espacio Común de Educación Superior de México (Ecoes); integrante del Sistema Nacional de Investigadores. Fue candidata a rectora de la UNAM y titular de la Secretaría de Educación, Ciencia, Tecnología e Innovación de la Ciudad de México. Ha escrito varios libros sobre la teoría evolutiva.

Minerva Citlalli Hernández Mora
Secretaría de la Mujer

Como sucedió con la ciencia y la tecnología, con esta designación Claudia Sheinbaum envía otra señal de la importancia que su presidencia dará a los temas de la mujer, elevando al Instituto de las Mujeres a nivel de Secretaría y nombrando para ello a Citlalli Hernández. Una de las figuras protagónicas entre los cuadros dirigentes del movimiento. Hernández es Fundadora de la Internacional Feminista y parte activa del movimiento «Yo soy 132»; sobresale su lucha por la defensa de los derechos humanos, la población LGBTIQ+, la política a favor del aborto seguro, la igualdad de género y por promover la participación ciudadana, en especial de la mujer. También destaca por formar parte del ala radical de Morena y ser fiel seguidora de López Obrador, en lo que se interpreta como un guiño de inclusión al gobierno de esa corriente del partido. El 29 de mayo de 2019 fue víctima de un atentado con un pequeño artefacto explosivo camuflado dentro de un libro, lo que le causó lesiones leves.

Nació el 29 de abril de 1990 en la Ciudad de México. Es pasante de la carrera de Ciencias de la Comunicación en la UNAM. Fue Diputada de la Asamblea del Distrito Federal a partir de 2015 y Senadora en el sexenio de López Obrador gracias a su triunfo en la CDMX. Ahora repite escaño para el período 2024-2030 por vía plurinominal. Desde 2020 ocupó la Secretaría General de Morena tras ganar la elección correspondiente.

Claudia Stella Curiel de Icaza
Secretaría de Cultura

Por razones que tienen que ver con restricciones presupuestales y con un enfoque orientado a fomentar la expresión cultural de los sectores populares tradicionalmente abandonados, el primer sexenio de la 4T terminó desvinculado de amplios sectores de la comunidad artística del país. En algunos casos, se tradujo en algo peor que una desvinculación para convertirse en molestias y acerbas críticas. Ante lo mucho que habría que remontar, Claudia Sheinbaum optó por recurrir a «su mujer de confianza» en materia cultural, al menos en los últimos tiempos. Curiel tiene a su favor la conveniente mezcla entre la experiencia en la promoción cultural y las tareas administrativas, producto de su desempeño como dirigente de proyectos estratégicos en la Ciudad de México y en la UNAM. De entrada, una mujer capaz, conocida y con reconocimiento de una buena parte de la comunidad cultural, con la ventaja de tener una estratégica cercanía a Palacio Nacional, algo que no sucedió en el sexenio anterior. Esos son sus activos, lo demás es un inmenso reto.

Nació el 16 de agosto de 1979, en Ciudad de México. Licenciada en Historia por la UNAM con especialidad en Educación Artística por la Universidad McGill, ha organizado festivales de música, cine y artes, como el Festival Internacional de Cine Contemporáneo. Además, ha participado en el Festival de México en el Centro Histórico y en el Festival Internacional de Cine UNAM. Fundó y dirigió el Festival Bestia. Se desempeñó como subdirectora de la Casa del Lago y de Programación en la Dirección General de Música, ambas en la UNAM. Desde el 1.º de febrero de 2022, fue secretaria de Cultura de la CDMX.

NOTAS

1. Día cero

[1] <http://sil.gobernacion.gob.mx/Librerias/pp_PerfilLegislador.php?Referen cia=9222042#Perfil>.

[2] <https://www.eleconomista.com.mx/politica/Quien-es-Ifigenia-Martinez-la-mujer-por-la-que-voto-Claudia-Sheinbaum-20240602-0057.html>.

[3] <https://politica.expansion.mx/elecciones/2024/06/03/cronica-claudia-sheinbaum-las-heroinas-estan-presentes-con-nosotros>.

[4] <https://animalpolitico.com/elecciones-2024/presidencia/discurso-claudia-sheinbaum-cierre-campana-zocalo>.

2. Hija del 68

[1] <https://nuso.org/articulo/la-hija-del-68-que-quiere-gobernar-mexico/>.

[2] Poniatowska, Elena, *La noche de Tlatelolco*, México, Ediciones Era, 2005, p. 54.

[3] <https://nuso.org/articulo/la-hija-del-68-que-quiere-gobernar-mexico/>.

[4] *Claudia: el documental*, 2023, <https://www.youtube.com/watch?v=NDuUL RQvMU>.

[5] <https://www.enlacejudio.com/2018/12/17/judios-y-cientificos-la-familia-de-claudia-sheinbaum/>.

[6] «No es que yo me "metiera" al Movimiento Estudiantil; ya estaba adentro desde hace mucho. Entiéndeme, yo soy del Poli; allí tengo mi casa; allá están mis cuates, los vecinos, el trabajo… Allá nacieron mis hijos. Mi mujer también es del Poli. El Movimiento lo traemos dentro desde hace muchos años. ¡Aquí no hay improvisación, ni "puntada", ni "buena onda", ni nada! No se trata de eso. Se trata de defender todo aquello en lo que creemos, por lo que siempre hemos luchado y, antes de nosotros, nuestros padres y los padres de nuestros padres… Provenimos de familias de obreros, de gente que siempre ha trabajado, y trabajado duro». Raúl Álvarez Garín, físico-matemático de la ESFM. Profesor de la Escuela Nacional de Ciencias Biológicas del IPN, delegado ante el CNH, preso en Lecumberri. En Poniatowska, Elena, *op. cit.*, p. 14.

[7] <https://testwebqa.cndh.org.mx/noticia/nace-valentin-campa-salazar-lider-sindical-ferrocarrilero-defensor-de-los-derechos >.

[8] Cano, Arturo, *Claudia Sheinbaum: Presidenta*, México, Grijalbo, 2023, p. 39.

[9] Cano, Arturo, *op. cit.*, p. 40.

[10] <https://elpais.com/mexico/elecciones-mexicanas/2024-06-03/claudia-sheinbaum-el-poder-tranquilo.html#?rel=mas>.

[11] Cano, Arturo, *op. cit.*, p. 40.

[12] «Las marchas en México habían sido, cuando mucho, de quince mil manifestantes. Pero ¡seiscientas mil personas de todos los sectores de la población y sobre todo de jóvenes! ¿Cuándo se había visto algo semejante? ¿Cómo lo iba a aguantar el gobierno? Con razón se le botó la canica». Salvador Martínez della Rocca, El Pino, del Comité de Lucha de la Facultad de Ciencias de la UNAM, preso en Lecumberri. En Poniatowska, Elena, *op. cit.*, p. 17.

[13] <https://www.lavanguardia.com/obituarios/20140928/54415587597/raul-alvarez-garin-lucha-tlatelolco.html>.

[14] <https://www.nexos.com.mx/?p=5028>.

[15] <https://elpais.com/mexico/elecciones-mexicanas/2024-06-03/claudia-sheinbaum-el-poder-tranquilo.html#?rel=mas>.

[16] <https://heraldodemexico.com.mx/nacional/2023/10/6/por-que-claudia-sheinbaum-dice-que-es-hija-del-68-lo-explica-en-tiktok-544595.html>.

[17] Cano, Arturo, *op. cit.*, p. 42.

[18] <https://www.tiktok.com/@claudiasheinbaum/video/7234000818511416581?lang=es>.

[19] *La Razón*, 15 de octubre de 2022.

[20] <https://www.dgcs.unam.mx/boletin/bdboletin/2023_395.html>.

[21] <https://www.gaceta.unam.mx/reconocimiento-internacional-a-annie-pardo-cemo/>.

[22] <https://www.tiktok.com/@claudiasheinbaum/video/7234000818511416581?lang=es>.

[23] *Idem.*

[24] <https://www.enlacejudio.com/2018/12/17/judios-y-cientificos-la-familia-de-claudia-sheinbaum/>.

[25] *Idem.*

[26] *Idem.*

[27] <https://www.jornada.com.mx/2009/01/12/index.php?section=opinion&article=002a2cor>.

[28] Cano, Arturo, *op. cit.*, p. 55.

[29] <https://x.com/Claudiashein/status/271252163370565632?lang=es>.

3. Educarse en la tradición

[1] <https://www.youtube.com/watch?v=OQsb0L-PcUQ>.
[2] Cano, Arturo, *op. cit.,* p. 55.
[3] <http://www2.iingen.unam.mx/es-mx/BancoDeInformacion/Entrevistas/Paginas/ClaudiaSheinbaumPardo.aspx>.
[4] *Claudia: el documental,* 2023, <https://www.youtube.com/watch?v=NDuUL-RQvMU>.
[5] <https://jefaturadegobierno.cdmx.gob.mx/comunicacion/nota/mensaje-de-la-jefa-de-gobierno-claudia-sheinbaum-pardo-durante-la-plenaria-acelerando-la-inversion-para-la-accion-climatica-en-las-ciudades-en-la-cumbre-de-ciudades-de-las-americas-en-denver-estados-unidos>.

4. La universitaria inquieta

[1] *Claudia: el documental,* 2023, <https://www.youtube.com/watch?v=NDuUL-RQvMU>.
[2] Cano, Arturo, *op. cit.*, p. 17.
[3] *Ibid.*, pp. 14-15.
[4] *Ibid.*, p. 18.
[5] *Claudia: el documental,* 2023, <https://www.youtube.com/watch?v=NDuUL-RQvMU>.
[6] <https://elpais.com/mexico/elecciones-mexicanas/2024-06-03/claudia-sheinbaum-el-poder-tranquilo.html>.
[7] *Idem.*
[8] <https://www.youtube.com/watch?v=npLgDLIwc0g&t=736s>.
[9] Cano, Arturo, *op. cit.*, p. 19
[10] Cano, Arturo, *op. cit.*, p. 20.
[11] Cano, Arturo, *op. cit.*, p. 21
[12] *Claudia: el documental,* 2023, <https://www.youtube.com/watch?v=NDuUL-RQvMU>.

6. La Doctora

[1] <http://www2.iingen.unam.mx/es-mx/BancoDeInformacion/Entrevistas/Paginas/ClaudiaSheinbaumPardo.aspx>.
[2] <https://www.nytimes.com/es/2024/06/22/espanol/claudia-sheinbaum-mexico-eeuu.html>.
[3] Cano, Arturo, *op. cit.*, p. 33.
[4] <https://www.nytimes.com/es/2024/06/22/espanol/claudia-sheinbaum-mexico-eeuu.html>.
[5] <http://www2.iingen.unam.mx/es-mx/BancoDeInformacion/Entrevistas/Paginas/ClaudiaSheinbaumPardo.aspx>.

[6] <https://www.nytimes.com/es/2024/06/22/espanol/claudia-sheinbaum-mexico-eeuu.html>.

[7] Cano, Arturo, *op. cit.*, p. 33.

[8] <https://www.nytimes.com/es/2024/06/22/espanol/claudia-sheinbaum-mexico-eeuu.html>.

[9] *Idem.*

[10] *Idem.*

7. Madre e investigadora

[1] <https://www.youtube.com/watch?v=npLgDLIwc0g&t=736s>.

[2] *Claudia: el documental,* 2023, <https://www.youtube.com/watch?v=NDu UL-RQvMU>.

[3] Cano, Arturo, *op. cit.*, p. 30.

[4] <https://www.eleconomista.com.mx/capitalhumano/La-mitad-de-las-mamas-trabajadoras-no-recibe-apoyo-alguno-en-su-empresa-20230509 0072.html>.

[5] *Claudia: el documental,* 2023, <https://www.youtube.com/watch?v=NDu UL-RQvMU>.

[6] *Idem.*

[7] <https://www.iingen.unam.mx/es-mx/Investigacion/Academicos/Paginas/CSheinbaumP.aspx>.

[8] <https://www.debate.com.mx/politica/Quien-es-la-hija-de-Claudia-Sheinbaum-que-recibio-beca-Conacyt-de-mas-de-un-millon-de-pesos-20210927-0283.html>.

[9] <https://www.milenio.com/politica/elecciones/como-ebrard-y-sheinbaum-conocieron-a-sus-respectivas-parejas>.

[10] *Idem.*

[11] Cano, Arturo, *op. cit.*, p. 49.

[12] <https://www.youtube.com/watch?v=npLgDLIwc0g&t=736s>.

8. Supersecretaria

[1] Programa de Resultados Electorales Preliminares (PREP) del IFE.

[2] *Claudia: el documental,* 2023, <https://www.youtube.com/watch?v=NDu UL-RQvMU>.

[3] <https://www.milenio.com/politica/amlo-asi-protesto-hace-13-anos-en-reforma>.

[4] *Claudia: el documental,* 2023, <https://www.youtube.com/watch?v=NDu UL-RQvMU>.

[5] Entrevista en Alejandro Páez y Álvaro Delgado, *La disputa por México,* México, HarperCollins, 2022.

[6] Almazán, Alejandro, *Jefas y jefes. Las crisis políticas que forjaron a la Ciudad de México*, México, Grijalbo, 2023, p. 58.

[7] Entrevista personal con el autor, 15 de marzo de 2023.

[8] Cano, Arturo, *op. cit.*, pp. 72-73.

[9] <https://animalpolitico.com/verificacion-de-hechos/fact-checking/sheinbaum-segundo-piso-sabueso>.

[10] Laura Chávez, *El Rey del Cash. El saqueo oculto del presidente y su equipo cercano*, México, Grijalbo, 2022.

[11] Entrevista personal con el autor, 15 de marzo de 2023.

[12] Cano, Arturo, *op. cit.*, p. 82.

9. Regreso a la investigación

[1] López Obrador, Andrés Manuel, *¡Gracias!*, México, Planeta, 2024, pp. 184-185.

[2] Cano, Arturo, *op. cit.*, pp. 83-84.

[3] *Claudia: el documental*, 2023, <https://www.youtube.com/watch?v=NDuUL-RQvMU>.

[4] <https://cnnespanol.cnn.com/2024/06/03/papel-claudia-sheinbaum-nobel-de-la-paz-que-gano-panel-intergubernamental-orix/#:~:text=Las%205%20propuestas%20clave%20de,Premio%20Nobel%20de%20la%20Paz%E2%80%9D>.

[5] *Idem.*

[6] *Claudia: el documental*, 2023, <https://www.youtube.com/watch?v=NDuUL-RQvMU>.

[7] <http://www2.iingen.unam.mx/es-mx/BancoDeInformacion/Entrevistas/Paginas/ClaudiaSheinbaumPardo.aspx>.

[8] *Idem.*

[9] *Idem.*

[10] <http://www2.iingen.unam.mx/es-mx/BancoDeInformacion/Entrevistas/Paginas/ClaudiaSheinbaumPardo.aspx>.

[11] <https://eta.lbl.gov/news/mexico-city-mayor-elect-claudia>.

10. Del laboratorio a Tlalpan

[1] López Obrador, Andrés Manuel, *op. cit.*, p. 250.

[2] *Ibid.*, p. 25.

[3] *Claudia: el documental*, 2023, <https://www.youtube.com/watch?v=NDuUL-RQvMU>.

[4] <https://www.gob.mx/cenapred/articulos/los-sismos-historicos-de-septiembre?idiom=es>.

11. El camino a la Jefatura de Gobierno

[1] <https://www.facebook.com/ClaudiaSheinbaumPardo/posts/el-presidente-estatal-de-morena-mi-compa%C3%B1ero-mart%C3%ADn-batres-ha-dado-a-conocer-a-tr/794681440709719/>.
[2] López Obrador, Andrés Manuel, *op. cit.*, p. 364.
[3] <https://www.nytimes.com/es/2018/07/02/espanol/america-latina/eleccion-2018-amlo-lopez-obrador.html>.
[4] <https://elpais.com/internacional/2018/07/02/mexico/1530483966_293817.html>.
[5] <https://elpais.com/internacional/2018/06/22/mexico/1529680187_651619.html>.
[6] <https://elpais.com/internacional/2018/07/02/mexico/1530483966_293817.html>.

12. Primera mujer al frente de la CDMX

[1] <https://regeneracion.mx/claudia-sheinbaum-recibe-constancia-como-jefa-de-gobierno-electa/>.
[2] <https://www.eleconomista.com.mx/politica/Sheinbaum-Hemos-terminado-la-obra-civil-de-la-Nueva-Linea-1-del-Metro-un-trabajo-titanico-en-tiempo-record-y-sin-precedentes-en-el-mundo-20230228-0077.html>.
[3] *Claudia: el documental*, 2023, <https://www.youtube.com/watch?v=NDu UL-RQvMU>.
[4] Cano, Arturo, *op. cit.*, p. 64.
[5] <https://politica.expansion.mx/cdmx/2021/11/10/sheinbaum-pandemia-promesa-cdmx>.
[6] *Claudia: el documental*, 2023, <https://www.youtube.com/watch?v=NDu UL-RQvMU>.
[7] *Idem.*
[8] <https://elpais.com/mexico/elecciones-mexicanas/2024-06-03/claudia-sheinbaum-el-poder-tranquilo.html>.
[9] *Claudia: el documental*, 2023, https://www.youtube.com/watch?v=NDu UL-RQvMU
[10] *Idem.*
[11] *Idem.*
[12] <https://elpais.com/mexico/2021-11-02/claudia-sheinbaum-mexico-esta-preparado-para-tener-una-presidenta-desde-hace-mucho.html>.
[13] *Idem.*
[14] <https://www.capital21.cdmx.gob.mx/noticias/?p=26970>.

13. La madre de todas las batallas

[1] <https://www.elfinanciero.com.mx/nacional/2023/09/07/amlo-entrega-baston-de-mando-morena-a-claudia-sheinbaum-en-vivo-hoy-7-septiembre/>.

[2] *Idem.*

[3] *Idem.*

[4] López Obrador, Andrés Manuel, *op. cit.*, pp. 547-548.

[5] <https://elpais.com/mexico/2023-09-07/claudia-sheinbaum-gana-la-encuesta-de-morena-y-sera-la-candidata-a-la-presidencia-de-mexico.html>.

[6] López Obrador, Andrés Manuel, *op. cit.*, p. 510.

[7] López Obrador, Andrés Manuel, *op. cit.*, pp. 510-511.

[8] <https://www.milenio.com/politica/elecciones/como-ebrard-y-sheinbaum-conocieron-a-sus-respectivas-parejas>.

[9] *Idem.*

[10] <https://www.bbc.com/mundo/articles/cv2271230edo>.

[11] <https://www.proceso.com.mx/nacional/2022/11/23/nos-vamos-casar-sheinbaum-anuncia-martha-debayle-matrimonio-con-jesus-tarriba-297461.html>.

[12] <https://x.com/RuidoEnLaRed/status/1642970560023121920>.

[13] <https://www.elfinanciero.com.mx/elecciones-mexico-2024/2024/04/22/xochitl-a-5-puntos-de-claudia-sheinbaum-esto-dice-la-encuesta-ef/>.

[14] <https://www.eluniversal.com.mx/nacion/asegura-xochitl-galvez-que-ya-empato-a-claudia-sheinbaum-en-las-encuestas/>.

[15] <https://www.forbes.com.mx/claudia-sheinbaum-aventaja-con-20-puntos-a-xochitl-galvez-a-cinco-dias-de-la-eleccion-en-esta-encuesta/>.

14. ¡Victoria!

[1] <https://animalpolitico.com/elecciones-2024/presidencia/sheinbaum-proyecta-ganadora-presidencia-encuestas>.

15. Un bote pronto (no necesariamente el cuestionario Proust)

[1] <https://x.com/Claudiashein/status/1797043087258026050>.

[2] Zepeda Patterson, Jorge, *La sucesión 2024,* México, Planeta, México, 2023, p. 53.

[3] <https://www.youtube.com/watch?v=npLgDLIwc0g>.

[4] <https://www.youtube.com/watch?v=npLgDLIwc0g&t=736s>.

[5] <https://www.eleconomista.com.mx/politica/Llegar-a-la-presidencia-quiere-decir-gobernar-para-que-las-mujeres-puedan-sentirse-representadas-Claudia-Sheinbaum-20240716-0065.html>.

[6] Cano, Arturo, *Claudia Sheinbaum: Presidenta*, México, Grijalbo, 2023, pp. 42-44.

[7] <https://elpais.com/mexico/elecciones-mexicanas/2024-05-29/claudia-sheinbaum-la-vibra-se-percibe-por-todo-mexico-vamos-a-ganar.html>.

[8] <https://www.instagram.com/claudia_shein/reel/C8p-oXAufA1/>.

[9] <https://www.facebook.com/photo.php?fbid=770350281125478&id=100044515386045&set=a.488056722688170>.

[10] <https://www.tiktok.com/@claudiasheinbaum/video/7197629679828815110>.

[11] <https://www.tiktok.com/@claudiasheinbaum/video/7288887931203276037>.

[12] <https://www.tiktok.com/@claudiasheinbaum/video/7197629679828815110>.

[13] <https://x.com/Claudiashein/status/1795958703750869472>.

[14] <https://x.com/Claudiashein/status/1795523053314806034>.

[15] <https://www.youtube.com/watch?v=npLgDLIwc0g>.

[16] <https://www.jornada.com.mx/2009/01/12/index.php?section=opinion&article=002a2cor>.

[17] <https://x.com/JJDiazMachuca/status/1697265302319317397>.

[18] <https://www.youtube.com/watch?v=pi8YYMDcYMU&t=6s>.

[19] <https://www.tiktok.com/@claudiasheinbaum/video/7197629679828815110>.

[20] <https://www.facebook.com/reel/757658429799146>.

[21] *Idem.*

[22] <https://www.tiktok.com/@claudiasheinbaum/video/7197629679828815110>.

[23] *Idem.*

[24] <https://www.facebook.com/reel/757658429799146>.

[25] <https://www.tiktok.com/@claudiasheinbaum/video/7288552612377431301>.

[26] <https://www.facebook.com/reel/757658429799146>.

[27] *Idem.*

[28] <https://x.com/Claudiashein/status/1799121769967604022>.

[29] <https://www.facebook.com/reel/757658429799146>.

[30] <https://www.tiktok.com/@claudiasheinbaum/video/7197629679828815110>.

[31] <https://www.facebook.com/reel/757658429799146>.

[32] *Idem.*

[33] <https://x.com/Claudiashein tatus/1796693483274592733>.

16. Los retos

[1] Al momento de cerrar la edición de este texto, finales de agosto, no estaba claro si el gobierno de López Obrador iba o no asegurarse de hacer esta modificación.

CRÉDITOS DE LAS FOTOGRAFÍAS

1. Claudia Sheinbaum de niña (©Agencia México).
2. Claudia Sheinbaum de bailarina (©Agencia México).
3. Durante la secundaria (Instagram / claudia_shein).
4. (©Agencia México)
5. Claudia Sheinbaum, segunda en la primera fila, en el Primer Congreso de Estudiantes de Ciencia y Físico Matemáticas de la UNAM, 1985 (©Agencia México).
6. Durante el movimiento del CEU (Instagram / claudia_shein).
7. Durante su vida académica (Instagram / claudia_shein).
8. Andrés Manuel López Obrador, habla durante su conferencia de prensa matutina el 10 de junio de 2024 (©Agencia EFE / Sáshenka Gutiérrez).
9. Claudia Sheinbaum, secretaria de Medio Ambiente del gobierno capitalino dialoga con el Jefe de Gobierno del Distrito Federal, Andrés Manuel López Obrador, 4 de septiembre de 2002. (©NTX Photo vía ©ATP / Carlos Castillo).
10. Claudia Sheinbaum, titular de la Secretaría del Medio Ambiente, inauguró el foro «Problemática del agua de la Ciudad de México», dentro del marco del día internacional del agua en la CDMX, 11 de marzo de 2006 (©NTX Photo vía ©AFP / José Pazos).
11. Claudia Sheinbaum Pardo es una política y científica mexicana, 2018 (CC-BY-4.0 / EneasMx).
12. Después de la toma de protesta como Jefa de Gobierno, Claudia Sheinbaum acudió al Teatro de la CDMX para presentar a su gabinete y su programa de gobierno (CC-BY-4.0 / EneasMx).

13. La coalición de partidos «Sigamos haciendo historia» le entregaron a la ex Jefa de Gobierno, Claudia Sheinbaum Pardo, el documento que la avala como precandidata única a la presidencia de la República, 19 de noviembre de 2023 (CC-BY-2.0 / Eneas De Troya).

14. La candidata presidencial en el arranque de su campaña en el Zócalo de CDMX, el 1.º de marzo de 2024 (CC-BY-4.0 / EneasMx).

15. Claudia Sheinbaum con el bastón de mando durante un mitin de campaña en Tamazunchale, San Luis Potosí, 24 de abril de 2024 (CC-BY-2.0 / Eneas De Troya).

16. Claudia Sheinbaum, candidata a la presidencia de México por Morena, arriba al Centro Cultural Tlatelolco en CDMX, acompañada por su esposo, Jesús María Tarriba, para participar en el tercer y último debate presidencial (©NUR Photo vía ©AFP / Gerardo Vieyra).

17. Claudia Sheinbaum, como candidata a la presidencia por Morena, hace su voto en la casilla de San Andrés Totoltepec, Tlalpan, en CDMX durante las elecciones del 2 de junio de 2024 (©AFP / Yuri Cortez).

18. Claudia Sheinbaum, virtual presidenta electa de México, durante el discurso de la victoria el 2 de junio de 2024 (CC-BY-4.0 / Eneas Mx).

19. La virtual presidenta electa de México al salir de una de las presentaciones de su gabinete de gobierno frente a las cámaras (CC-BY-4.0 / Eneas Mx).

20. En conferencia de prensa en la casa de la transición, 24 de julio de 2024 (Proceso foto / Eduardo Miranda).

21. Antiguo Ayuntamiento de la CDMX cerca del Zócalo (stock. adobe.com / Richie Chan).

22. Bandera Palacio de la Ciudad de México (stock.adobe.com / Ángel de Jesús).

ACERCA DEL AUTOR

Jorge Zepeda Patterson (Mazatlán, 24 de octubre de 1952) Economista y sociólogo, cursó su maestría en la Flacso y su doctorado en Ciencia Política en la Sorbona de París. Fundó y dirigió la revista *Día Siete*, y es analista en radio, televisión y prensa escrita. Publica columnas semanales en los diarios *El País*, *Milenio*, SinEmbargo.mx y prensa regional. Fue director fundador de los diarios *Siglo 21*, *Público* y SinEmbargo.mx, así como director de *El Universal*. En 1999 fue reconocido con el Premio María Moors Cabot, de la Universidad de Columbia. Es autor y coautor de media docena de libros de análisis político publicados en Grupo Planeta, entre otros: *Los amos de México* (2007), *Los suspirantes* (2012), *Los suspirantes 2018* (2017), *Donald Trump: El aprendiz* (2017) y *La sucesión 2024* (2023). Con *Los corruptores* (2013), novela con la que comienza la serie de Los Azules, alcanzó éxito a nivel internacional y resultó finalista del premio Dashiell Hammett. Con el segundo volumen, *Milena o el fémur más bello del mundo*, ganó el Premio Planeta en 2014. *Los usurpadores* (2016) es el volumen con el que concluye esta trilogía. Sus últimas novelas son *Muerte contrarreloj* (2018) y *El dilema de Penélope* (2022). Su obra ha sido traducida a veinticinco idiomas.

GALERÍA

Claudia Sheinbaum de niña.

Vestida para practicar ballet.

En sus años de secundaria.

Una muy joven Claudia, que creció al sur de la CDMX.

Claudia Sheinbaum, segunda de izquierda a derecha en la primera fila, en el Primer Congreso de Estudiantes de Ciencia y Físico Matemáticas de la UNAM, 1985.

Durante una de las reuniones del movimiento
del Consejo Estudiantil Universitario en la UNAM.

Algo que ha caracterizado a Claudia ha sido su dedicación y sus reconocimientos
internacionales en su vida académica.

La fotografía de Claudia Sheinbaum protestando en EUA con un cartel que dice «¡Comercio justo y democracia ya!», en referencia al TLC, durante la gira de Carlos Salinas de Gortari en 1991, fue comentada por Andrés Manuel López Obrador en su conferencia de prensa matutina el 10 de junio de 2024.

Como secretaria de Medio Ambiente, Claudia se volvió el brazo derecho
de Andrés Manuel López Obrador, entonces jefe de Gobierno del Distrito Federal,
4 de septiembre de 2002.

Como titular de la Secretaría del Medio Ambiente, gracias a su trabajo y resultados se volvió pieza fundamental de los proyectos del Segundo Piso y el Metrobús, fue llamada por los medios «supersecretaria».

Tras el fraude de 2006 Claudia regresó a la academia; volvió al poco tiempo y lideró la delegación Tlalpan, donde había vivido por años.

El 5 de diciembre de 2018, después de la toma de protesta como jefa de Gobierno, Claudia Sheinbaum acudió al Teatro de la CDMX para presentar a su Gabinete.

Tras una disputa interna entre «Corcholatas», Claudia fue designada como la candidata a la presidencia de la República, que representaría a la coalición de partidos «Sigamos haciendo historia». El 19 de noviembre de 2023 le otorgaron su constancia.

El 1 de marzo de 2024, en el Zócalo de la CDMX,
Claudia arrancó su campaña por la presidencia.

*Andrés Manuel López Obrador entregó a Claudia Sheinbaum
el simbólico bastón de mando. Aquí en un mitin de campaña en Tamazunchale,
San Luis Potosí, el 24 de abril de 2024.*

El 19 de mayo de 2024, Claudia llegó acompañada de su esposo, Jesús María Tarriba, al Centro Cultural Tlatelolco para el tercer y último debate presidencial.

Claudia votó temprano en la casilla de San Andrés Totoltepec,
Tlalpan, durante las elecciones del 2 de junio de 2024.

Claudia Sheinbaum, virtual presidenta electa de México, durante su discurso de la victoria el 2 de junio de 2024 en el Zócalo.

Como presidenta electa de México, Claudia comenzó a presentar a su Gabinete en varias sesiones frente a cámaras.

En conferencia de prensa en la casa de la transición, 24 de julio de 2024.

*Como jefa de Gobierno, Claudia trabajó en el edificio del Antiguo Ayuntamiento,
en el Zócalo de la CDMX.*

*Tras el 2 de junio de 2024, Claudia atravesará de un punto del Zócalo a otro,
ya que como presidenta de México ahora trabajará en Palacio Nacional,
sede del Poder Ejecutivo.*